머리말

오늘날의 세계에서는 다른 나라에 대한 관심이 무척 높다. 그만큼 전 세계가 서로 밀접한 관련을 맺고 살기 때문이고 다른 것에 대한 관심이 많기 때문이다. 이럴 때 필요한 것이 다른 나라의 문화 및 사회에 대한 이해이고, 이를 위해서는 그 나라 언어의 습득이 필수적으로 대두된다.

국제 사회에서의 한국의 위상이 높아짐에 따라 최근 한국어를 배우고자 하는 외국인들의 수가 가파르게 증가하고 있다. 한국어 전공학과를 개설하거나 한국어 강좌를 여는 해외 대학들의 수도 증가하고 있으며 이는 우리의 국력 성장을 증명해 주는 또다른 사실이다. 더욱이 요즘은 우리의 기업들도 나름대로의 세계화 전략에 따라 해외 현지에 진출하여 법인을 설립하고 현지인을 채용하여 교육함으로써 한국어와 한국 문화를 세계에 알리는 데 일조하고 있다. 따라서 우리나라가 경제적으로 발전하고 세계에서의 위상이 높아지는 한, 앞으로도 한국어 또는 한국학을 공부하고자 하는 학생들의 증가는 필연적일 것이다.

이러한 시점에서 한국외국어대학교 한국어문화교육원에서 '외국인을 위한 한국어 1'부터 '외국인을 위한 한국어 6'까지 기존 교육과정을 체계적으로 반영한 새로운 교재를 펴내게 된 것은 매우 뜻깊은 일이다. 1993년에 시작한 본교의 한국어교육 프로그램은 그 역사가 길지 않음에도 불구하고 양적 질적으로 괄목할 만한 발전을 하여 마침내 현재의 명실상부한 최고의 한국어교육 기관으로 자리 잡았다. 이러한 시기에 우수한 새 교재가 출판된 것은 그 의미가 남다르다고 할 수 있다. 이 모두는 그동안 교육 현장에서 열심히 한국어를 가르쳐 온 선생님들의 땀과 노력의 결실이라고 해도 과언이 아닐 것이다. 한국어교육에 대한 선생님들의 열정이 녹아 있는 한국어문화교육원의 새 교재는 한국어를 공부하는 학습자들에게 좋은 길잡이가 될 것이다.

끝으로 밤낮없이 고생해주신 교재 집필진과 이 책이 출판될 수 있도록 여러모로 힘써 주신 도서출판 하우 및 학교 관계자 여러분께 감사를 드린다.

2016년 2월 24일

한국외국어대학교 한국어문화교육원장

허 용

교재 구성표

과	단원제목	말해봅시다	알아봅시다	듣고 말해봅시다	읽고 써봅시다
1	한글 I	단모음(ㅣ, ㅔ, ㅐ, ㅏ, ㅓ, ㅗ, ㅜ, ㅡ) 자음 I (ㄱ, ㄴ, ㄷ, ㄹ, ㅁ, ㅂ, ㅅ, ㅈ)			
2	한글 II	자음 II (ㅎ, ㅋ, ㅌ, ㅍ, ㅊ) 이중모음(ㅑ, ㅕ, ㅛ, ㅠ, ㅒ, ㅖ, ㅢ, ㅘ, ㅚ, ㅙ, ㅝ, ㅞ, ㅟ)			
3	한글 III	자음 III (ㄲ, ㄸ, ㅃ, ㅆ, ㅉ)			
4	한글 IV	받침 I (ㅁ, ㄴ, ㄹ, ㅇ) 받침 II (ㅂ, ㄷ, ㄱ)			
5	안녕하세요?	인사	-이다 -은/는	인사와 직업	자기소개
6	어느 나라 사람입니까?	국적과 나이	-이/가 아니다 몇 -	우리 반 친구	선생님과 친구 소개
7	이것이 무엇입니까?	사물의 이름	-이/가 있다/없다 무슨 -	음식 소개	교실 물건 소개
8	이 사람이 누구입니까?	친구와 가족 소개	이/그/저 - 어느 -	유명한 사람 소개	가족 소개
9	어디에 있습니까?	물건과 장소의 위치	-(장소)에 있다/없다	장소 찾기	우리 동네
10	콘서트가 어떻습니까?	콘서트 날짜	-ㅂ/습니다	시험 기간과 장소	우리 집
11	어디에 갑니까?	장소에서 하는 일	-(장소)에 가다/오다/다니다 -(장소)에서 -을/를 -ㅂ/습니다	친구가 가는 곳	서울 구경
12	지금 몇 시입니까?	시간과 약속	-(시간)에 안 - / -지 않다	저녁 때 하는 일	하루 일과
13	어제 무엇을 했습니까?	어제 한 일	-았/었/였- 잘 - / 못 -(I)	잘하는 운동	친구가 잘하는 것
14	오늘 무엇을 해요?	오늘 계획	-아/어/여요 못 -(II) / -지 못하다	약속	나의 일주일
15	내일 무엇을 할 거예요?	내일 계획	-(으)러 가다/오다/다니다 -(으)ㄹ 것이다(I)	주말 계획	배우고 싶은 것
16	이번 휴일에 뭘 하고 싶어요?	휴일 계획	-고 싶다 -지만	한국의 휴일	휴일 약속

외국인을 위한 한국어

한국외국어대학교 한국어문화교육원
CENTER FOR KOREAN LANGUAGE & CULTURE
HANKUK UNIVERSITY OF FOREIGN STUDIES

1-1

과	단원제목	말해봅시다	알아봅시다	듣고 말해봅시다	읽고 써봅시다
17	잠깐만 기다리세요	음식 주문	-(으)세요 -지 마세요	음료 주문	한국의 음식 문화
18	이거 한 개에 얼마예요?	물건 가격	-(가격/단위명사)에 얼마 -고(I)	홈쇼핑 광고	영수증
19	아르바이트 후에 오세요	생일 파티 초대	-기 전 / -(으)ㄴ 후 -고(II)	결혼식 초대	공연 초대
20	거기에 어떻게 가요?	가는 방법	-(교통수단)(으)로 가다/오다 -네요	친구 집에 가는 방법	지난 주말에 간 곳
21	내일 날씨가 좋을까요?	오늘과 내일의 날씨	-(으)ㄹ까요?(I) -(으)ㄹ 것이다(II)	날씨 예측	한국의 사계절
22	계획이 없으면 우리 같이 여행을 갈까요?	여행 약속	-(으)면 -(으)ㄹ까요?(II)	여행 상품 예약	여행 계획
23	선물을 사려고 해요	생일 선물	-아/어/여서 -(으)려고 하다	크리스마스 계획	어버이날 선물
24	제주도에 가 봤어요?	제주도 여행	-아/어/여 보다 -게	전주 여행	부산 여행
25	취미가 뭐예요?	취미	-기(가) 쉽다/어렵다 - 보다	가지고 싶은 취미	취미와 한국 생활
26	저 좀 도와줄 수 있어요?	부탁	-(으)ㄹ 수 있다/없다 -아/어/여 주다	이사와 부탁	기숙사 규칙
27	어떤 사람이 좋아요?	이상형	-(으)ㄴ -는	결혼	이상형 테스트
28	한국 생활이 어때요?	한국 생활	-(으)ㄹ 때	한국 생활 인터뷰	우울한 하루
29	꿈이 뭐예요?	꿈	-았/었/였을 때	꿈과 노력	꿈과 직업
30	할머니께서는 연세가 어떻게 되세요?	할머니 소개	-(으)시-	할아버지와 경찰	보고 싶은 할아버지

일러두기

- 본 교재는 한국외국어대학교 한국어문화교육원의 한국어 교재로 한국어 의사소통능력 신장에 목적을 두고 만들어진 통합 수업용 교재입니다.
- 『외국인을 위한 한국어 1-1』은 1~15과, 『외국인을 위한 한국어 1-2』는 16~30과로 이루어져 있습니다.
- 『외국인을 위한 한국어 1-1』과 『외국인을 위한 한국어 1-2』는 한국어 초급 학습자를 대상으로 기본적인 생활과 관련된 실제적이고 친숙한 주제를 다루고 있으며, 상호작용 연습을 위한 적절한 의사소통 과제를 구성하여 제시하고 있습니다.
- 각 단원은 '도입'(도입 그림과 학습 목표), '말해봅시다'(본문 대화, 발음, 대화 연습, 새단어), '알아봅시다'(문법 설명) '연습합시다'(문법과 말하기 연습), '듣고 말해봅시다', '읽고 써봅시다'로 구성되어 있습니다. 그리고 단원에 따라 마지막에 학습자에게 필요한 기초 어휘 목록을 제공하여 다양한 표현을 사용할 수 있도록 하였습니다.

| 단원구성 |

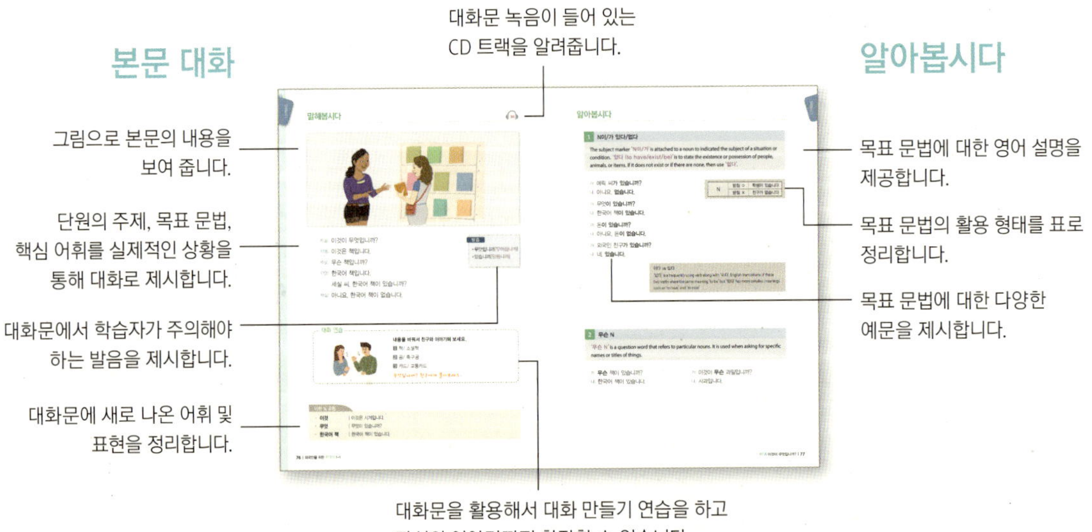

연습해 봅시다

단원의 목표 문형을 익힐 수 있는 연습문제와 실제적인 말하기 연습을 위한 활동을 제시합니다.

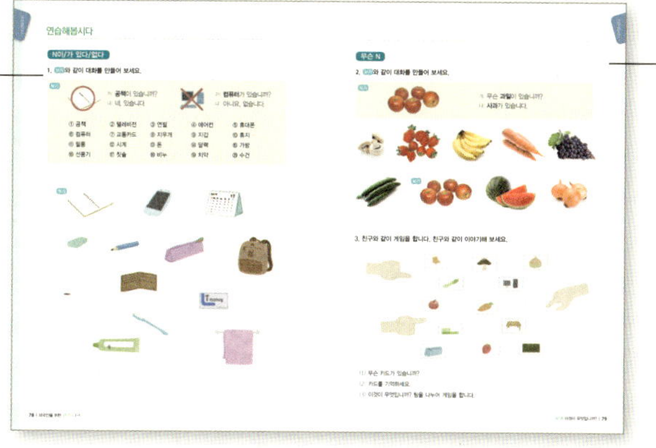

목표 문형을 활용한 말하기 활동을 제시합니다.

듣고 말해봅시다

주제 도입을 위한 그림을 제시합니다.

주요 내용을 메모하도록 합니다.

받아쓰기를 통해 들은 내용을 확인합니다.

듣기 녹음이 들어 있는 CD 트랙을 알려 줍니다.

새로운 어휘 및 표현을 알려 줍니다.

듣기 활동을 이용한 말하기 활동이 제시됩니다.

읽고 써봅시다

주제 도입을 위한 그림을 제시합니다.

해당 과의 주제와 관련된 읽기 자료를 제공합니다.

새로운 어휘 및 표현을 알려 줍니다.

읽기 내용을 확인합니다.

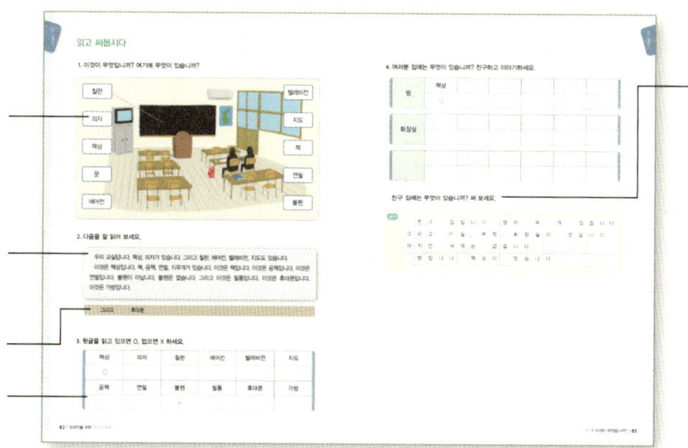

읽기를 이용한 쓰기 활동이 제시됩니다. 쓰기 활동 전후로 말하기 활동과의 연계도 가능합니다.

예 인터뷰→쓰기→발표

어휘 목록

각 단원의 중요 어휘 및 표현을 정리합니다.

차례

등장인물 소개

에릭
미국 학생

세실
프랑스 학생

자르갈
몽골 학생

준이치
일본 학생

흐엉
베트남 학생

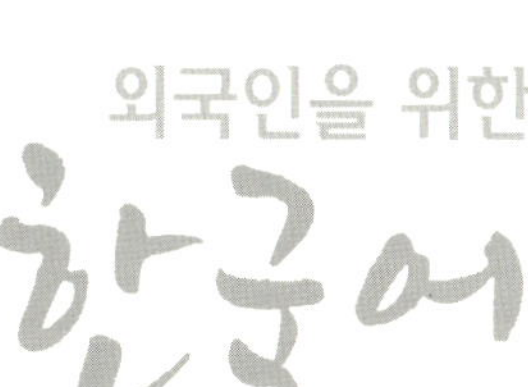

팅팅
중국 학생

상우
한국 학생

지영
한국 학생

권효진
한국어 선생님

김영진
한국어 선생님

한글을 어떻게 만들었을까요? How was Hangul made?

가 나 다 라 마 바 사 아 자 차 카 타 파 하

한국어의 문장 구조 The sentence structure of Korean

1. S + V

형이 경찰관입니다.

누나가 화가입니다.

아이스크림이 차갑습니다.

커피가 뜨겁습니다.

눈이 옵니다.

아이가 웃습니다.

2. S + C + V

아이가 어른이 됩니다. 형이 화가가 아닙니다.

3. S + O + V

에릭이 책을 읽습니다. 유리가 영화를 봅니다.

4. S + Adv. + O + V

에릭이 유리에게 꽃을 줍니다. 유리가 에릭에게서 반지를 받습니다.

01

한글 I

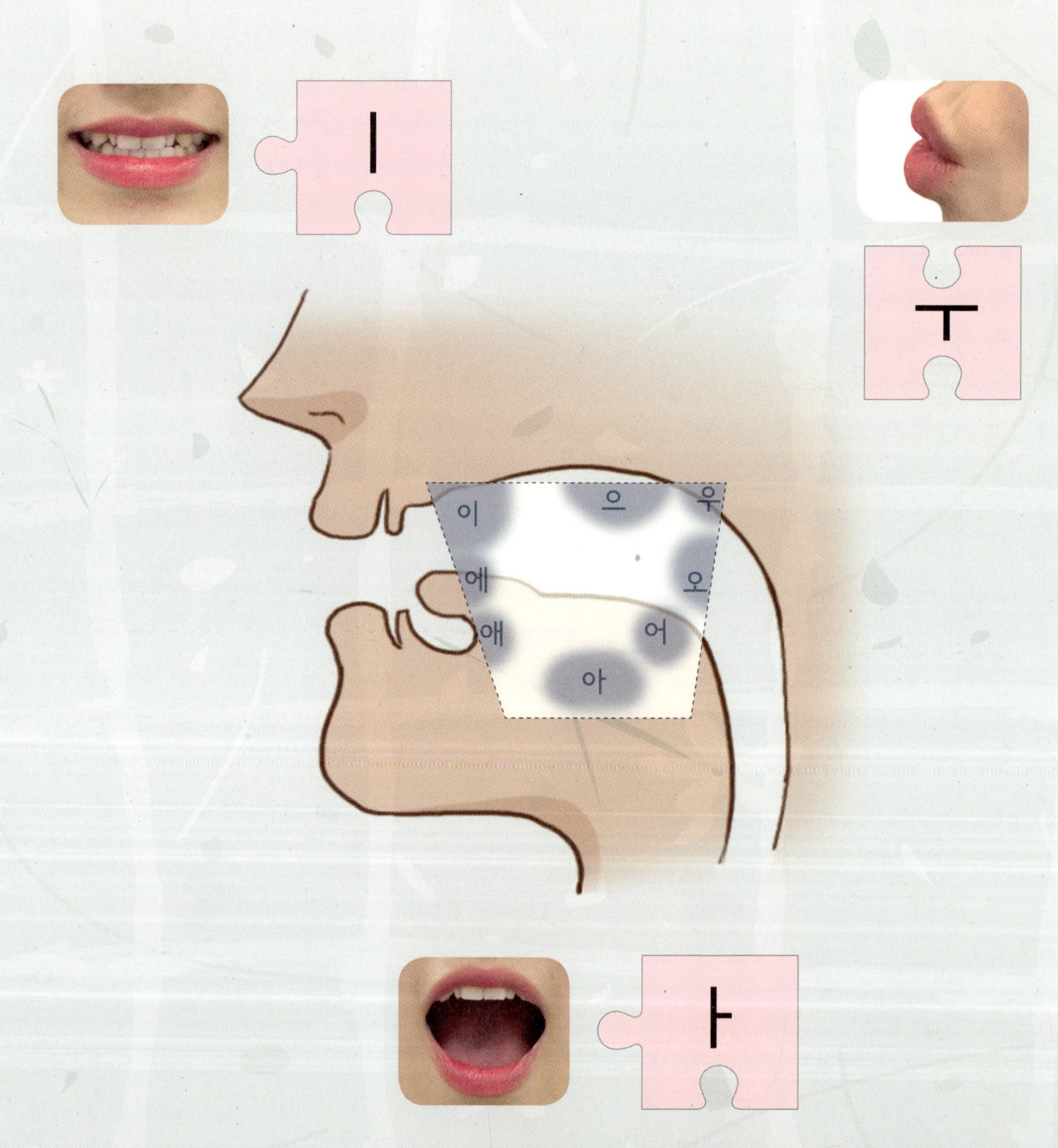

한글 모음(1)

When writing vowels, the 'ㅇ' is soundless.

'ㅏ ㅓ ㅣ ㅐ ㅔ' should be written to the right side of the 'ㅇ'.

'ㅗ ㅜ ㅡ' should be written under the 'ㅇ'.

'ㅐ' and 'ㅔ' are pronounced the same.

모음을 쓰세요.

ㅣ	ㅣ				이	이			
ㅔ	ㅔ				에	에			
ㅐ	ㅐ				애	애			
ㅏ	ㅏ				아	아			
ㅓ	ㅓ				어	어			
ㅗ	ㅗ				오	오			
ㅜ	ㅜ				우	우			
ㅡ	ㅡ				으	으			

다음을 듣고 따라 읽으세요. 01

아	아이	으	어이
어	아우	이	우아
오	오이	애	우애
우	에이	에	이오

다음을 듣고 표시(✓)하세요. 02

1.	☐ 어	☐ 오	
2.	☐ 오	☐ 우	
3.	☐ 으	☐ 이	
4.	☐ 어	☐ 우	
5.	☐ 어	☐ 오	☐ 우
6.	☐ 에	☐ 으	☐ 이
7.	☐ 아	☐ 우	☐ 애
8.	☐ 아이	☐ 어이	☐ 오이
9.	☐ 아우	☐ 우아	☐ 에이

듣고 읽어 보세요. 03

한글 자음(1)

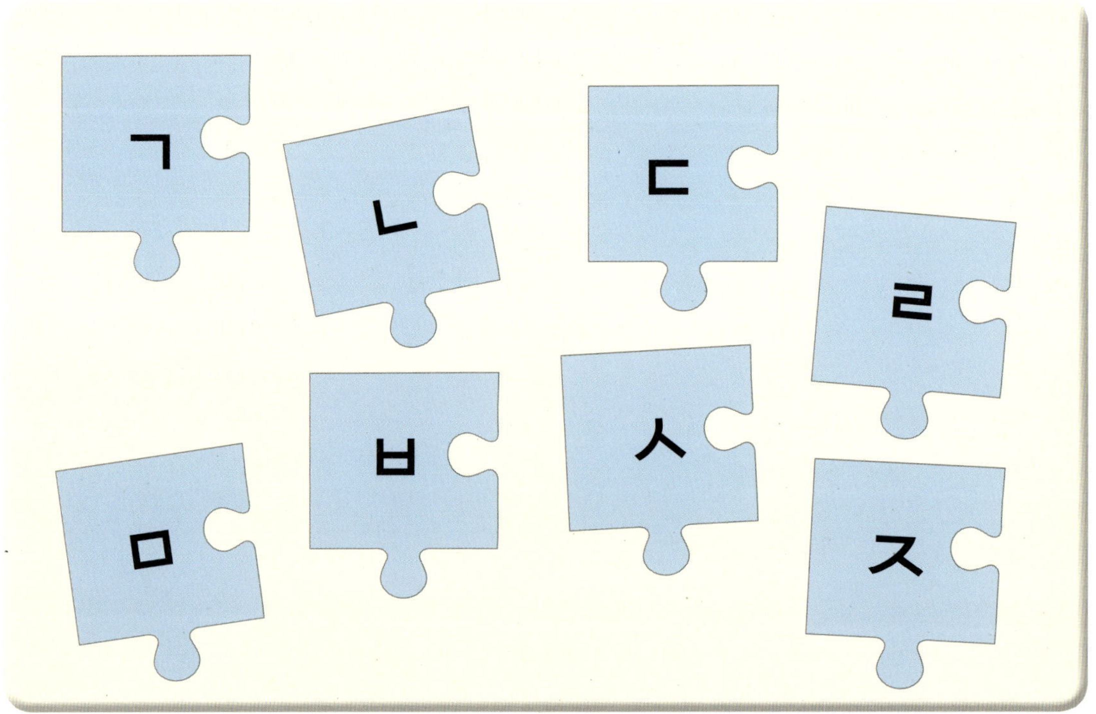

Write the consonant first, then write 'ㅏ ㅓ ㅣ ㅐ ㅔ' to the right of the consonant.

After you write the consonant, then write 'ㅗ ㅜ ㅡ' under the consonant.

※ The shape of consonants could be changed to the location. i.e. 가 / 고

※ 'ㅈ' and 'ㅈ', 'ㅅ' and 'ㅅ' are same letters.

자음을 쓰세요.

ㄱ	ㄱ				ㅁ	ㅁ			
ㄴ	ㄴ				ㅂ	ㅂ			
ㄷ	ㄷ				ㅅ	ㅅ			
ㄹ	ㄹ				ㅈ	ㅈ			

자음과 모음을 같이 쓰세요.

	ㅣ	ㅔ	ㅐ	ㅏ	ㅓ	ㅗ	ㅜ	ㅡ
ㄱ	기	게	개	가	거	고	구	그
ㄴ	니	네	내	나	너	노	누	느
ㄷ	디	데	대	다	더	도	두	드
ㄹ	리	레	래	라	러	로	루	르
ㅁ	미	메	매	마	머	모	무	므
ㅂ	비	베	배	바	버	보	부	브
ㅅ	시	세	새	사	서	소	수	스
ㅇ	이	에	애	아	어	오	우	으
ㅈ	지	제	재	자	저	조	주	즈

다음을 듣고 따라 읽으세요. 04

거기	바지	머리	부자	나무
마리	사자	나라	어머니	다리
구두	드라마	러시아	모두	가수
마시다	지우개	지도	주소	라디오
노래	두부	고모	사이	고기

다음을 듣고 표시(✓)하세요. 05

1. ☐ 사 ☐ 자
2. ☐ 나 ☐ 라
3. ☐ 노 ☐ 모
4. ☐ 무 ☐ 부
5. ☐ 두자 ☐ 부자
6. ☐ 고로 ☐ 도로
7. ☐ 지도 ☐ 시도
8. ☐ 거기 ☐ 저기

듣고 읽어 보세요. 06

02

한글 II

한글 자음(2)

[Consonant 2] Provided sounds are more aspirated than [Consonant 1]

※ 'ㅊ' and 'ㅊ', 'ㅎ' and 'ㅎ' are same letters.

자음을 쓰세요.

ㅎ	ㅎ								
ㅋ	ㅋ								
ㅌ	ㅌ								
ㅍ	ㅍ								
ㅊ	ㅊ								

자음과 모음을 같이 쓰세요.

	ㅣ	ㅔ	ㅐ	ㅏ	ㅓ	ㅗ	ㅜ	ㅡ
ㅎ	히	헤	해	하	허	호	후	흐
ㅋ	키	케	캐	카	커	코	쿠	크
ㅌ	티	테	태	타	터	토	투	트
ㅍ	피	페	패	파	퍼	포	푸	프
ㅊ	치	체	채	차	처	초	추	츠

다음을 듣고 따라 읽으세요. 07

코	키	카드	쿠키	호수
카메라	타투	터키	토마토	허리
초	치즈	치마	기차	피
파리	파티	포도	피아노	차
초코	커피	코피	파	하

다음을 듣고 표시(✓)하세요. 08

1. ☐ 고 ☐ 코
2. ☐ 다 ☐ 타
3. ☐ 오 ☐ 호
4. ☐ 부 ☐ 푸
5. ☐ 조 ☐ 초
6. ☐ 보도 ☐ 포도
7. ☐ 기자 ☐ 기차
8. ☐ 아니 ☐ 하니
9. ☐ 바리 ☐ 파리

듣고 읽어 보세요. 09

친구와 같이 빙고(BINGO)를 해 보세요.

	2	3	4	5
	7	8	9	10
	12	13	14	15
	17	18	19	20
	22	23	24	25

6	7	8	9	10
11	12	13	14	15
16	17	18	19	20
21	22	23	24	25

	2	3	4	
6		8		10
11	12		14	15
16		18		20
	22	23	24	

보기

다	타	아	가
카	자	차	파
바	조	해	버
하	부	퍼	초

한글 모음(2)

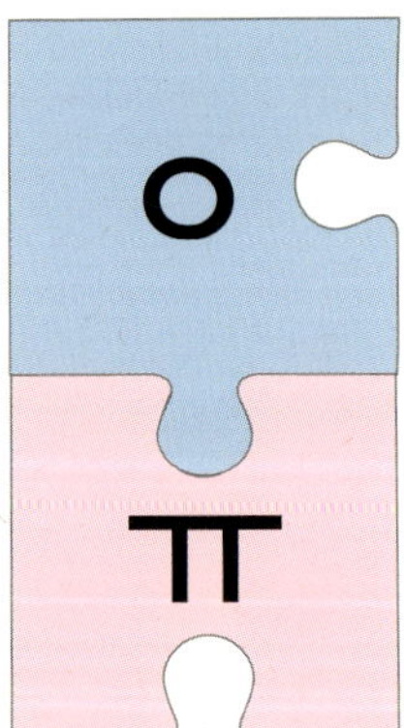

※ '얘' and '예' are pronounced the same.

※ Be careful when pronouncing the following words; 시계[시게/시계], 예의[예이/예의], 의사[의사]

※ '외', '왜', '웨' are pronounced the same.

모음을 쓰세요.

ㅑ	ㅑ				야	야			
ㅕ	ㅕ				여	여			
ㅛ	ㅛ				요	요			
ㅠ	ㅠ				유	유			
ㅒ	ㅒ				얘	얘			
ㅖ	ㅖ				예	예			
ㅢ	ㅢ				의	의			
ㅘ	ㅘ				와	와			
ㅚ	ㅚ				외	외			
ㅙ	ㅙ				왜	왜			
ㅝ	ㅝ				워	워			
ㅞ	ㅞ				웨	웨			
ㅟ	ㅟ				위	위			

다음을 듣고 따라 읽으세요. 10

야구	여자	요리	유리	의사
얘기	예	외대	회사	의자
교회	돼지	샤워	지워요	스웨터
가위	위	왜	웨이터	여우
사과	화가	우유	가요	귀

다음을 듣고 표시(✓)하세요. 11

1. ☐ 유 ☐ 요
2. ☐ 이사 ☐ 의사
3. ☐ 위 ☐ 왜 ☐ 워
4. ☐ 여자 ☐ 야자 ☐ 오자
5. ☐ 오리 ☐ 유리 ☐ 요리
6. ☐ 가자 ☐ 과자 ☐ 겨자
7. ☐ 이대 ☐ 의대 ☐ 외대
8. ☐ 와이 ☐ 아이 ☐ 회의
9. ☐ 야구 ☐ 요구 ☐ 오구

듣고 읽어 보세요. 12

교실 용어 13

봅니다 / 보세요

듣습니다 / 들으세요

씁니다 / 쓰세요

읽습니다 / 읽으세요

쉽니다 / 쉬세요

따라 합니다 / 따라 하세요

질문이 있습니까?

네

아니요

압니다 / 알아요

모릅니다 / 몰라요

좋습니다 / 좋아요

03

한글 Ⅲ

한글 자음(3)

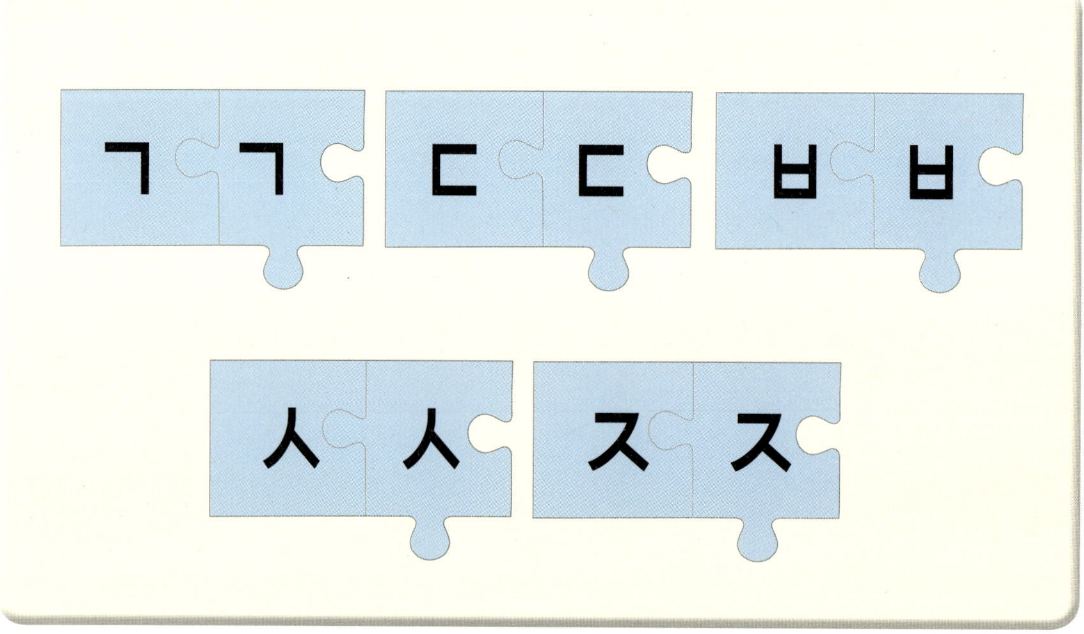

※ The shape of consonants may change depending on the location. i.e. 까 / 꼬

※ 'ㅉ' and 'ㅉ' are same letters.

자음을 쓰세요.

ㄲ	ㄲ								
ㄸ	ㄸ								
ㅃ	ㅃ								
ㅆ	ㅆ								
ㅉ	ㅉ								

자음과 모음을 같이 쓰세요.

	ㅣ	ㅔ	ㅐ	ㅏ	ㅓ	ㅜ	ㅗ	ㅡ
ㄲ	끼	께	깨	까	꺼	꾸	꼬	끄
ㄸ	띠	떼	때	따	떠	뚜	또	뜨
ㅃ	삐	뻬	빼	빠	뻐	뿌	뽀	쁘
ㅆ	씨	쎄	쌔	싸	써	쑤	쏘	쓰
ㅉ	찌	쩨	째	짜	쩌	쭈	쪼	쯔

다음을 듣고 따라 읽으세요. 14

까치	꼬리	코끼리	찌개	토끼
또	따다	빼기	가짜	싸다
뽀뽀	아빠	뜨다	짜다	뼈
나쁘다	쓰다	아저씨	비싸다	뿌리
찌다	빠르다	까마귀	씨	허리띠

다음을 듣고 표시(✓)하세요. 15

1. ☐ 사다 ☐ 싸다
2. ☐ 가자 ☐ 가짜
3. ☐ 부리 ☐ 뿌리
4. ☐ 토기 ☐ 토끼
5. ☐ 빠르다 ☐ 바르다
6. ☐ 코 ☐ 고 ☐ 꼬
7. ☐ 타 ☐ 다 ☐ 따
8. ☐ 퍼 ☐ 버 ☐ 뻐
9. ☐ 치 ☐ 지 ☐ 찌

듣고 읽어 보세요. 16

코끼리

끄다

가짜

허리띠

따다

아빠

뽀뽀

나쁘다

싸다

아저씨

쓰다

뿌리

찌개

짜다

빠르다

발음 여행

※ 세계 여행을 하려고 합니다. 어디로 갈까요? 잘 듣고 따라가 보세요.

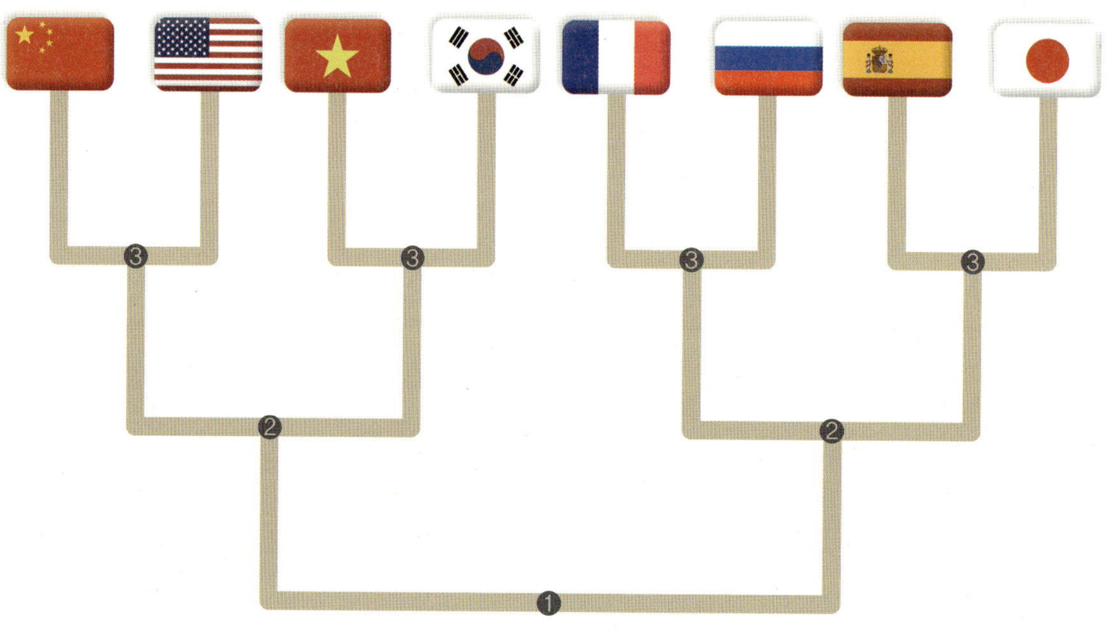

* 친구의 말을 잘 듣고 왼쪽(←) 또는 오른쪽(→)으로 가세요.

	←	→
①	저리	쩌리
②	가지	까치
③	개다	깨다

	←	→
①	부리	뿌리
②	피리	삐리
③	소리	쏘리

	←	→
①	바빠	봐봐
②	아파요	아빠요
③	씨다	시다

	←	→
①	뜨다	트다
②	타요	다요
③	쪄요	쳐요

04

한글 Ⅳ

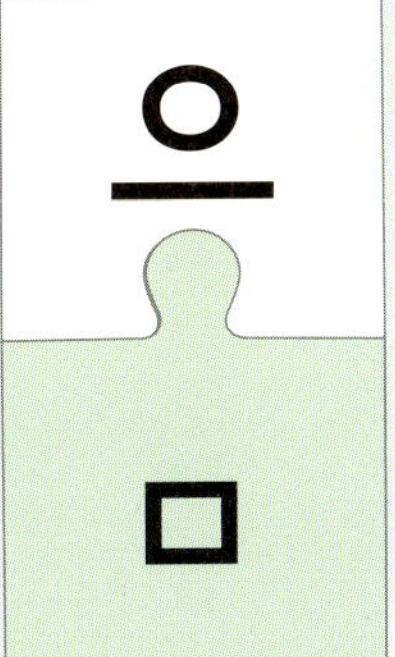

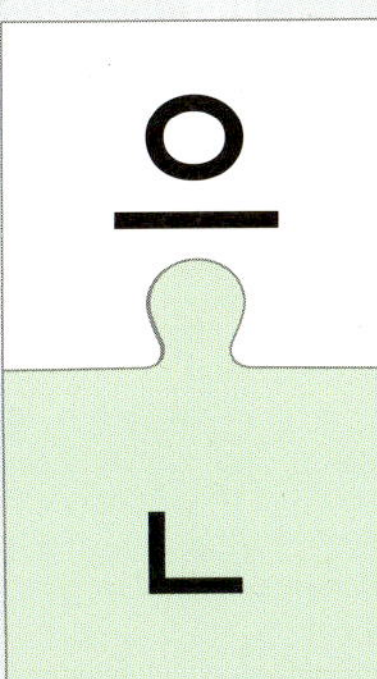

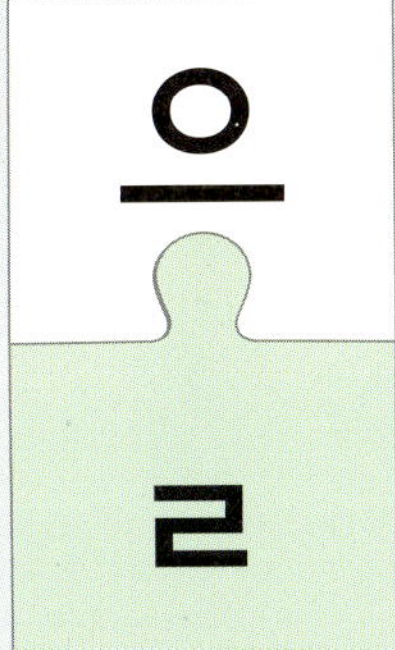

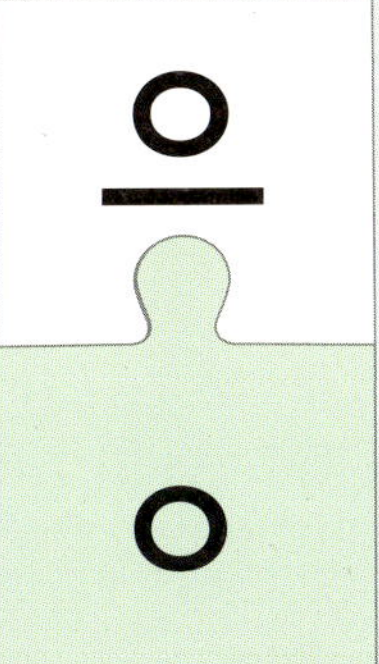

Depending on the placement of the lips and tongue, you can make different sounds.
The 'ㅁ', 'ㄴ', and 'ㅇ' sounds come from the nose.

받침(1)

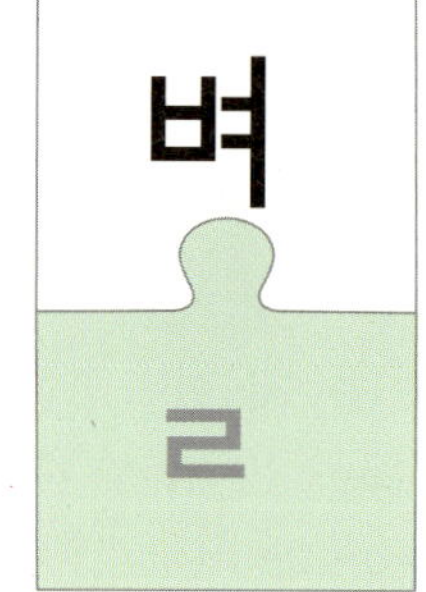

받침을 쓰세요.

음	음								
은	은								
을	을								
응	응								

다음을 듣고 따라 읽으세요. 17

곰	몸	밤	사람	엄마
눈	돈	문	산	손
달	물	별	서울	딸기
공	방	사랑	고양이	강아지
바람	사전	칠판	운동	창문

다음을 듣고 표시(✓)하세요. 18

1. ☐ 긴 ☐ 길
2. ☐ 말 ☐ 맘
3. ☐ 곰 ☐ 곤 ☐ 공
4. ☐ 산 ☐ 살 ☐ 삼
5. ☐ 밤 ☐ 발 ☐ 방
6. ☐ 돈 ☐ 돌 ☐ 동
7. ☐ 싱싱 ☐ 실실 ☐ 심심
8. ☐ 본본 ☐ 봉봉 ☐ 봄봄
9. ☐ 심비 ☐ 신비 ☐ 실비

듣고 읽어 보세요. 19

강아지

고양이

산

받침(2)

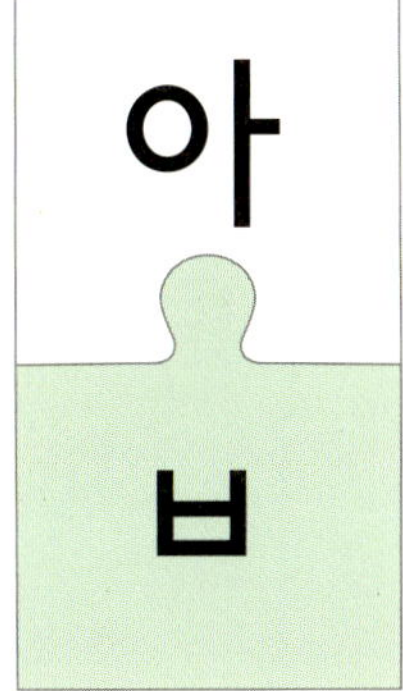

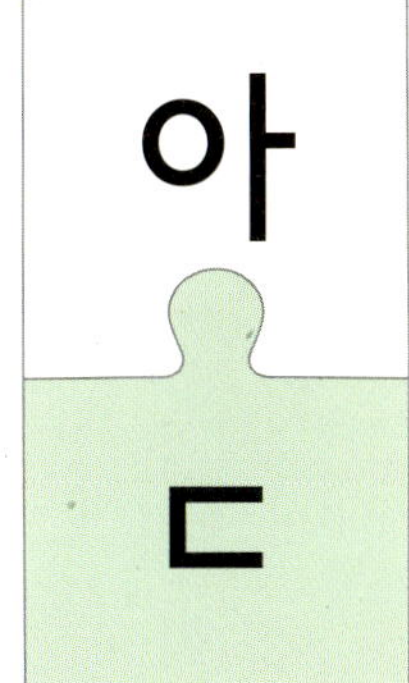

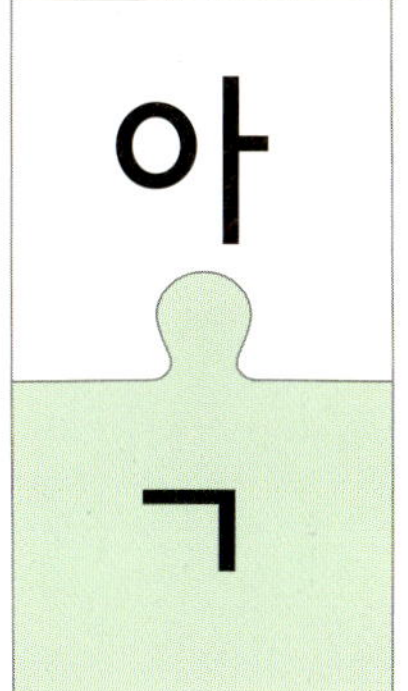

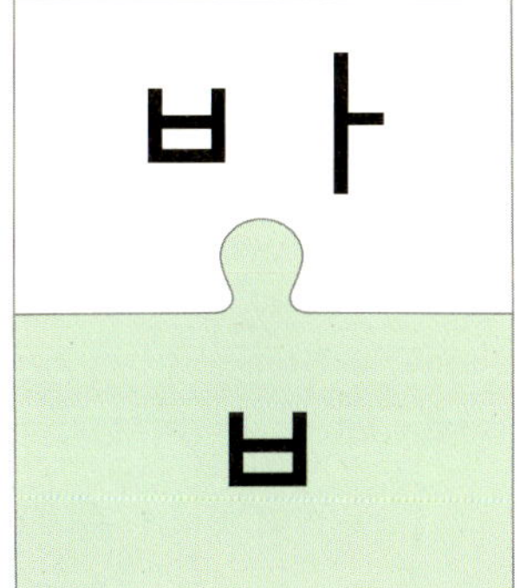

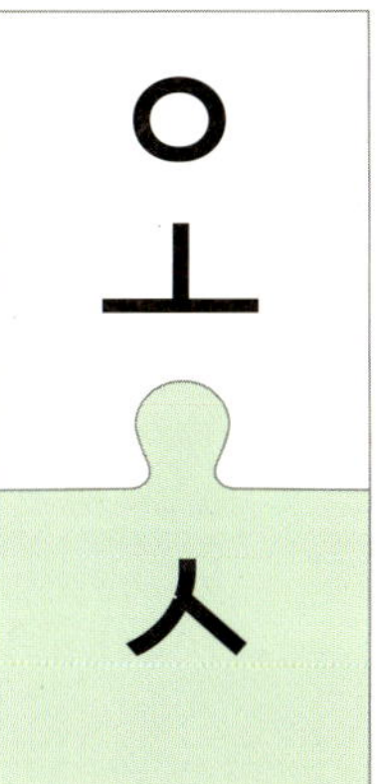

받침 [ㅂ]	받침 [ㄷ]	받침 [ㄱ]
ㅂ 밥 [밥]	ㄷ 곧 [곧]	ㄱ 박 [박]
ㅍ 앞 [압]	ㅌ 밭 [받]	ㄲ 밖 [박]
	ㅅ 옷 [옫]	ㅋ 부엌 [부억]
	ㅆ 있다 [읻따]	
	ㅈ 낮 [낟]	
	ㅊ 꽃 [꼳]	

받침을 쓰세요.

ㅂ	[ㅂ]	밥	밥		
ㅍ		앞	앞		
ㄷ	[ㄷ]	듣다	듣다		
ㅌ		끝	끝		
ㅅ		빗	빗		
ㅆ		있다	있다		
ㅈ		낮	낮		
ㅊ		꽃	꽃		
ㄱ	[ㄱ]	책	책		
ㅋ		부엌	부엌		
ㄲ		밖	밖		

다음을 듣고 따라 읽으세요. 20

책	빗	밥	장갑	쉽다
부엌	있다	앞	씻다	낚시
밖	낮	벽	집	학생
듣다	꽃	걷다	옆	약
끝	수박	빛	젓가락	숲

다음을 듣고 표시(✓)하세요. 21

1.	☐ 꽃	☐ 꼭	☐ 꽁
2.	☐ 옥	☐ 옷	☐ 옵
3.	☐ 밖	☐ 밥	☐ 방
4.	☐ 집	☐ 징	☐ 짐
5.	☐ 앞	☐ 앗	☐ 악
6.	☐ 막	☐ 맛	☐ 말
7.	☐ 깃	☐ 김	☐ 긴
8.	☐ 밭	☐ 반	☐ 발
9.	☐ 팍팍	☐ 판판	☐ 팔팔

듣고 읽어 보세요. 22

노래를 불러요

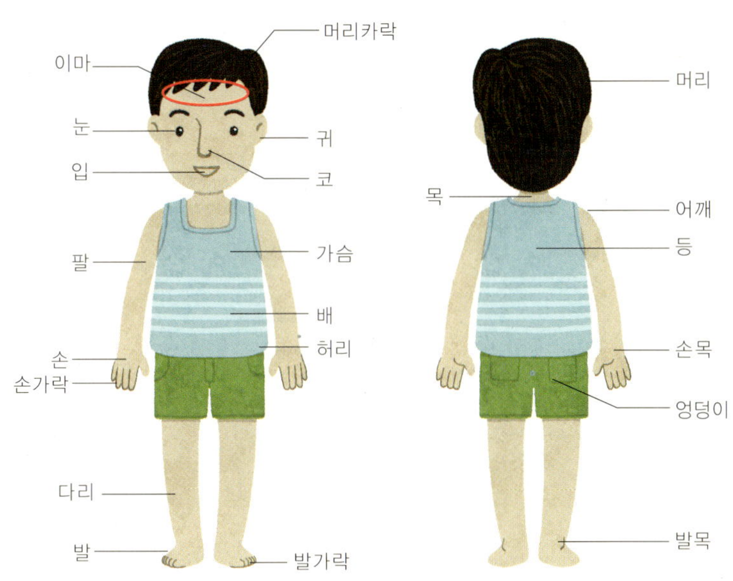

머리, 어깨, 무릎, 발

23

머 리 어 깨 무 릎 발 무 릎 발 머 리 어 깨 무 릎 발 무 릎 발 – 무 릎

머 리 어 깨 발 – 무 릎 발 머 리 어 깨 무 릎 귀 코 입

반짝 반짝 작은 별

25

반 짝 반 짝 작 은 별 아 름 답 게

비 치 네 동 쪽 하 늘 에 서 도

서 쪽 하 늘 에 서 도 반 짝 반 짝

작 은 별 아 름 답 게 비 치 네

05

안녕하세요?

학습목표

말해봅시다	인사
알아봅시다	1 N이다 2 N은/는
연습해봅시다	
듣고 말해봅시다	인사와 직업
읽고 써봅시다	자기소개

1 이 사람들이 무엇을 합니까?

2 친구와 같이 한국어로 인사합니다.

말해봅시다

지영: 안녕하세요?

세실: 네, 안녕하세요?

지영: 만나서 반갑습니다.

세실: 네, 만나서 반갑습니다.

지영: 저는 지영입니다.

세실: 저는 세실입니다.

지영: 세실 씨는 학생입니까?

세실: 네, 저는 학생입니다.

발음

- 반갑습니다[반갑씀니다]
- 지영입니다[지영임니다]

대화 연습

내용을 바꿔서 친구와 이야기해 보세요.

1 미키/ 김영진/ 선생님

2 에릭/ 알레시아/ 회사원

3 자르갈/ 미카/ 가수

친구의 이름과 직업을 물어보세요.

어휘 및 표현

- 만나서 반갑습니다.
-  네 ○ 아니요 ×

알아봅시다

1 N이다

'N이다' is attached to a noun, and it means "to be". By attaching '이다', it becomes the predicate of the sentence.

가: 학생**입니까?**
나: 네, 학생**입니다.**
가: 의사**입니까?**
나: 아니요, 간호사**입니다.**

N이다	N입니까?	선생님입니까?
	N입니다.	가수입니다.

2 N은/는

The topic marker 'N은/는' is attached to a noun to indicated the topic of a verb (AV, DV).

가: 진영**은** 가수입니까?
나: 아니요, 회사원입니다. 유리**는** 학생입니까?
가: 네, 저**는** 학생입니다.

N	받침 O	학생은
	받침 X	친구는

연습해봅시다

N이다

1. 보기와 같이 대화를 만들어 보세요.

가: 에릭입니까?
나: 네, 에릭입니다.

(1)

(2)

(3)

(4)

(5)
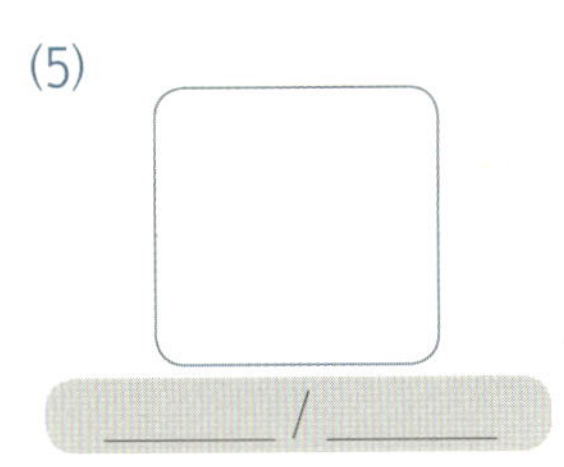

N은/는

2. 보기와 같이 문장을 만들어 보세요.

에릭은 학생입니다.

(1)

(2)

(3)

(4)

(5)
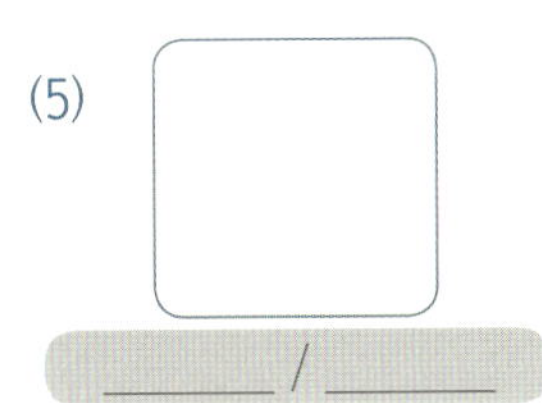

3. 보기 와 같이 다른 사람이 되어서 자기소개를 하세요.

보기

듣고 말해봅시다

1. 여러분은 언제 인사를 합니까?

2. 들을 때 메모하세요.

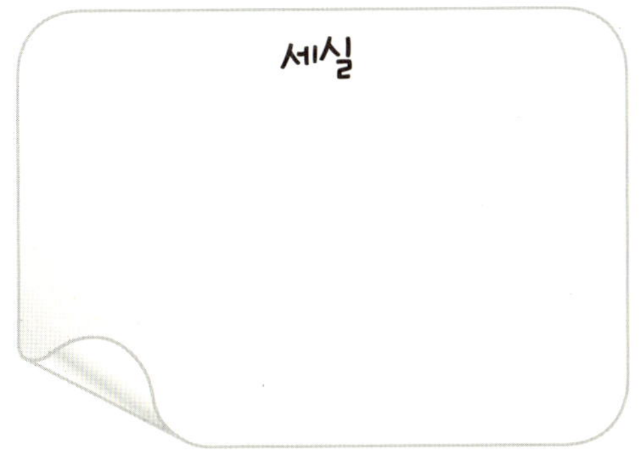

3. 들은 내용을 써 보세요.

세 실: ☐☐ 하세요?

김영진: 네, ☐☐ 하세요?

세 실: ☐☐☐ 반갑습니다.

김영진: 네, ☐☐☐ 반갑습니다.

세 실: 저는 세실 ☐☐☐☐. 학생입니다.

김영진: 저는 김영진 ☐☐☐☐.

세 실: 김영진 씨는 ☐☐ 입니까?

김영진: 아니요, 저는 ☐☐☐ 입니다.

4. 우리 반 친구는 무슨 직업이 좋습니까? 친구와 이야기하세요.

☑ 모델	☐ 배우	☐ 가수
☐ 의사	☐ 간호사	☐ 주부
☐ 화가	☐ 작가	☐ 요리사
☐ 회사원	☐ 경찰관	☐ 미용사

읽고 써봅시다

1. 여러분 나라에서는 어떻게 인사를 합니까?

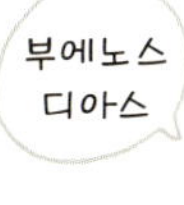

2. 다음은 선생님과 친구의 자기소개입니다. 잘 읽어 보세요.

안녕하세요?
저는 김영진입니다. 한국 사람입니다.
저는 한국외국어대학교 한국어 선생님입니다.
만나서 반갑습니다.

안녕하세요?
저는 에릭입니다. 미국 사람입니다.
저는 대학생입니다.
저는 한국외국어대학교 학생입니다.
만나서 반갑습니다.

3. 윗글을 읽고 맞으면 O, 틀리면 X 하세요.

❶ 김영진 씨는 학생입니다. O X

❷ 에릭 씨는 선생님입니다. O X

❸ 에릭 씨는 미국 사람입니다. O X

❹ 김영진 씨는 한국 사람입니다. O X

4. 202X년입니다. SNS에 여러분 이야기를 써 보세요.

질문	대답
이름이 무엇입니까?	
어느 나라 사람입니까?	
직업이 무엇입니까?	

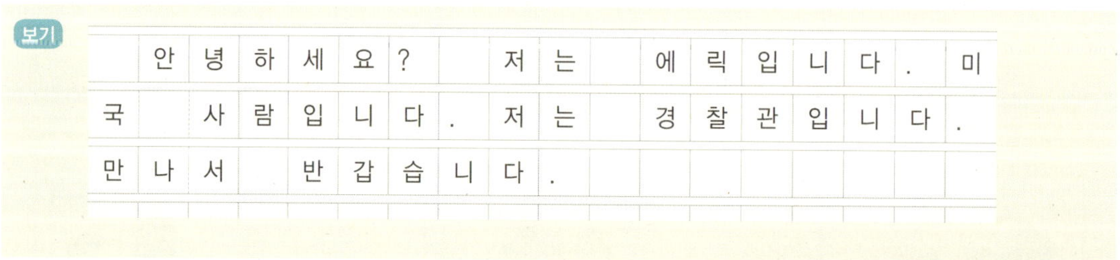

• 이름이 무엇입니까? = 성함이 어떻게 되세요?
• 직업이 무엇입니까? = 무슨 일을 하세요?

직업 1

직업 2 1–2, p. 161

의사

간호사

요리사

미용사

군인

회사원

배우

기자

가수

운동선수

작가

화가

경찰관

소방관

통역사

인사 표현

안녕히 가세요. – 안녕히 계세요.

실례합니다.

감사합니다. – 아닙니다.

고맙습니다. – 뭘요.

맛있게 드세요. – 잘 먹겠습니다.

맛있게 드셨어요? – 잘 먹었습니다.

죄송합니다. – 괜찮습니다.

미안합니다. – 아닙니다.

06

어느 나라 사람입니까?

학습목표

말해봅시다	국적과 나이
알아봅시다	1 N이/가 아니다 2 몇 N
연습해봅시다	
듣고 말해봅시다	우리 반 친구
읽고 써봅시다	선생님과 친구 소개

1 이 사람들은 어느 나라 사람입니까?

2 여러분은 어느 나라 사람입니까?

말해봅시다

28

세실: 지영 씨는 어느 나라 사람입니까?
지영: 한국 사람입니다.
세실: 지영 씨는 몇 살입니까?
지영: 저는 스물두 살입니다.
세실 씨는 영국 사람입니까?
세실: 아니요, 저는 영국 사람이 아닙니다. 프랑스 사람입니다.

발음

- 몇 살[멷쌀]
- 아닙니다[아님니다]

대화 연습

내용을 바꿔서 친구와 이야기해 보세요.

1 일본 사람/ 17살/ 베트남 사람/ 태국 사람
2 중국 사람/ 20살/ 미국 사람/ 캐나다 사람
3 몽골 사람/ 33살/ 이집트 사람/ 사우디아라비아 사람

친구는 어느 나라 사람입니까? 몇 살입니까?

어휘 및 표현

- **어느 나라 사람** | 어느 나라 사람입니까? = 어디에서 왔습니까?

알아봅시다

1 N이/가 아니다

'N이/가 아니다' is a negative form of 'N이다', and it is used for negating facts.

가: 학생입니까?
나: 아니요, 학생**이 아닙니다**.

가: 한국 사람입니까?
나: 아니요, 한국 사람**이 아닙니다**.

가: 가수입니까?
나: 아니요, 가수**가 아닙니다**.

가: 요리사입니까?
나: 아니요, 요리사**가 아닙니다**.

N	받침 ○	학생이 아닙니다
	받침 X	가수가 아닙니다

2 몇 N

단위 명사 1–2, p. 44

'몇' is used to ask about quantity, and it is used with various counters. Some examples of counters are: '명' for human, '개' for items, '마리' for animals, and '살' for age. When numbers ending from 하나(1) to 넷(4), and 20(스물) are used with counters, then the final consonant or vowel is dropped.

가: 책상이 **몇 개**입니까?
나: **다섯 개**입니다.

가: 모두 **몇 명**입니까?
나: 모두 **일곱 명**입니다.

가: 나이가 **몇 살**입니까?
나: **스물네 살**입니다.

가: 고양이가 **몇 마리**입니까?
나: **두 마리**입니다.

연습해봅시다

N이/가 아니다

1. 보기와 같이 대화를 만들어 보세요.

몇 N

2. 보기와 같이 대화를 만들어 보세요.

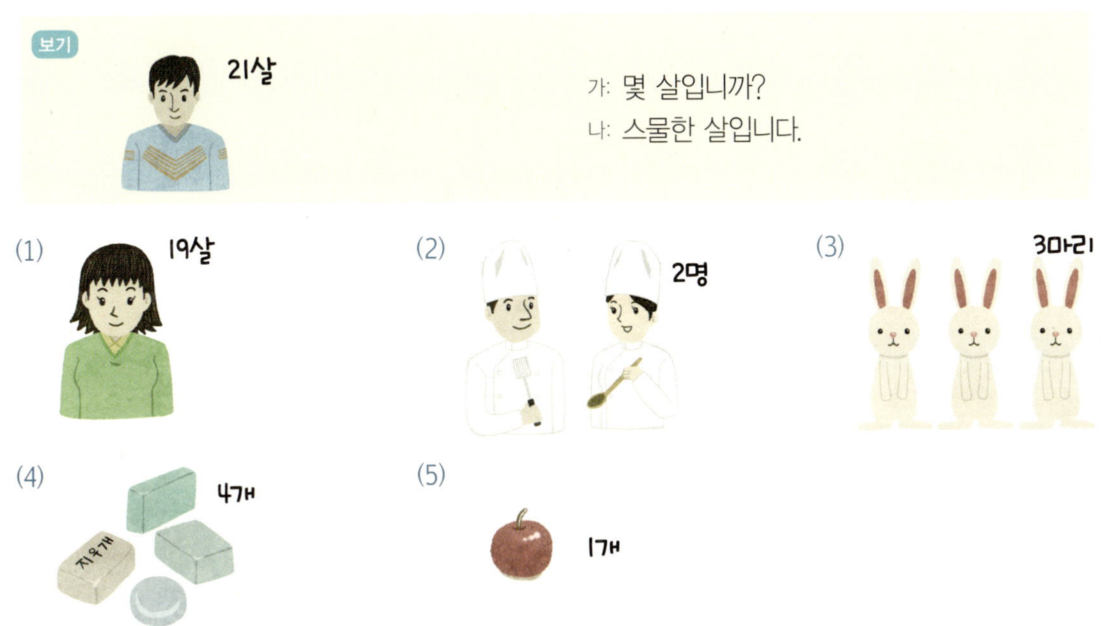

3. 배운 문형을 사용해서 친구를 찾아 이야기해 보세요.

(1) 이름 카드를 하나 고르세요.

(2) 그 친구를 찾아 보세요.

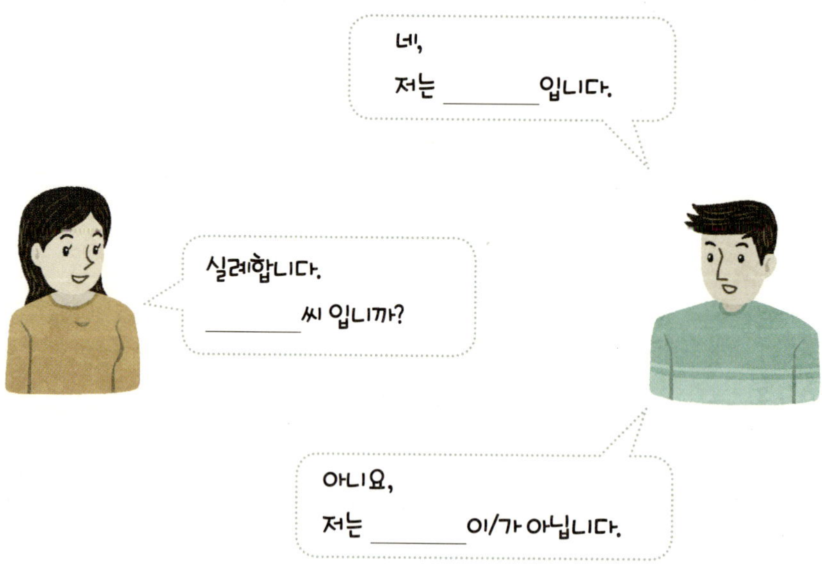

듣고 말해봅시다

1. 우리 반 친구는 어느 나라 사람입니까?

독일? 영국? 이탈리아?
어느 나라 사람?

2. 들을 때 메모하세요.

이름	팅팅
국적	
나이	
직업	

3. 들은 내용을 써 보세요.

준이치: 안녕하세요? 준이치입니다.

팅 팅: 네, 안녕하세요? 팅팅입니다.

준이치: 팅팅 씨는 ＿＿＿＿＿＿＿＿ 입니까?

팅 팅: 저는 ＿＿＿＿＿ 입니다.

준이치: 팅팅 씨는 ＿＿＿ 입니까?

팅 팅: ＿＿＿＿＿ 입니다.

준이치: 팅팅 씨는 ＿＿＿ 입니까?

팅 팅: 아니요, 저는 회사원 ＿＿＿＿＿＿. 학생입니다.

4. 배운 문형을 사용해서 친구와 이야기해 보세요.

❶ 나라와 직업을 선택하세요. 원하는 카드가 같을 때는 '✌✊✋'를 하세요.

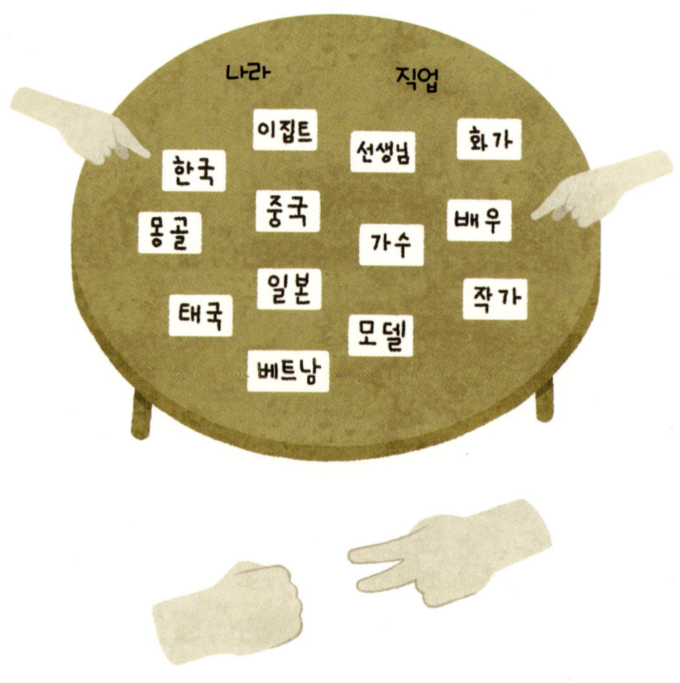

❷ 〈보기〉와 같이 친구에게 질문을 하세요.

읽고 써봅시다

1. 이것이 무엇입니까?

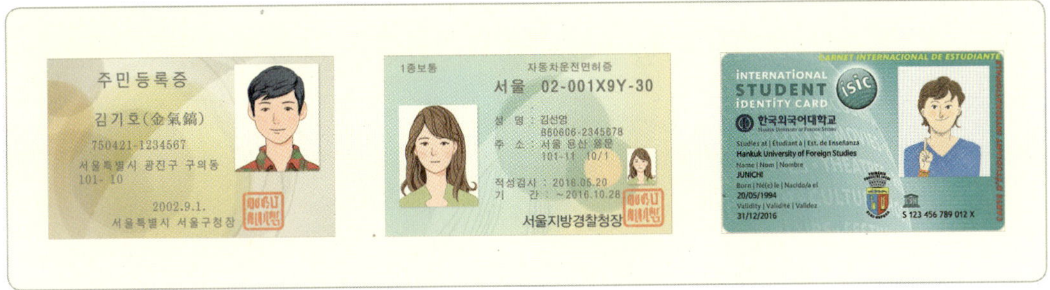

2. 다음을 잘 읽어 보세요.

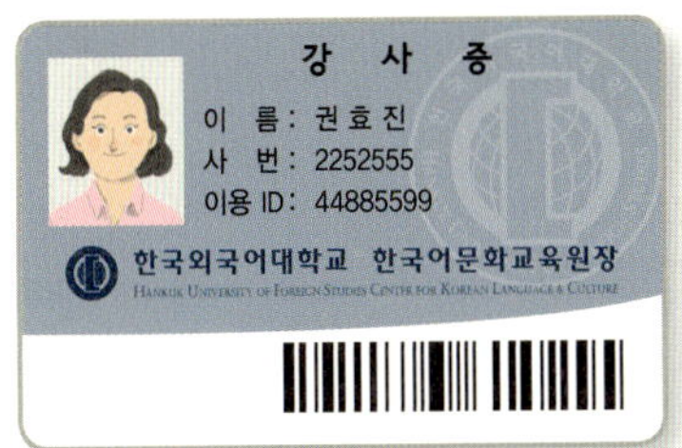

권효진입니다. 권효진 씨는 여자입니다. 서른일곱 살입니다.
한국 사람입니다.
권효진 씨는 학생이 아닙니다.
한국외국어대학교 한국어 선생님입니다.

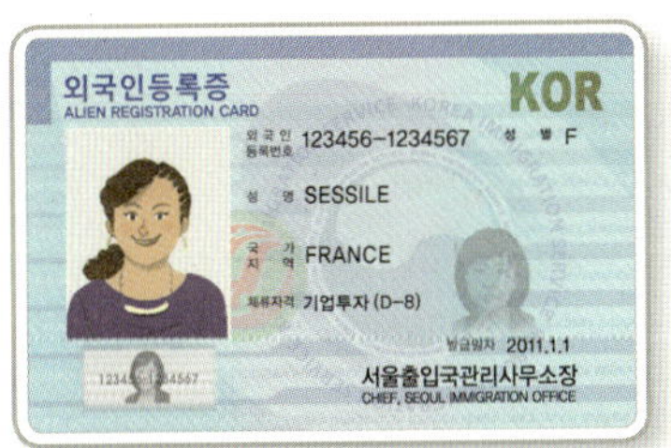

세실입니다. 세실은 여자입니다. 프랑스 사람입니다.
스물세 살입니다.
세실은 회사원이 아닙니다. 학생입니다.

준이치입니다. 준이치는 남자입니다. 스물한 살입니다.
준이치는 한국 사람이 아닙니다. 일본 사람입니다.
준이치는 한국외국어대학교 학생입니다.

3. 윗글을 읽고 맞으면 O, 틀리면 X 하세요.

❶ 권효진 씨는 37살입니다.
❷ 세실 씨는 남자가 아닙니다.
❸ 세실 씨는 프랑스 사람입니다.
❹ 준이치 씨는 21살이 아닙니다.
❺ 권효진 씨는 선생님이 아닙니다.

4. 명함을 만들어 친구와 이야기를 하세요.

보기

친구를 소개하는 글을 쓰세요.

보기

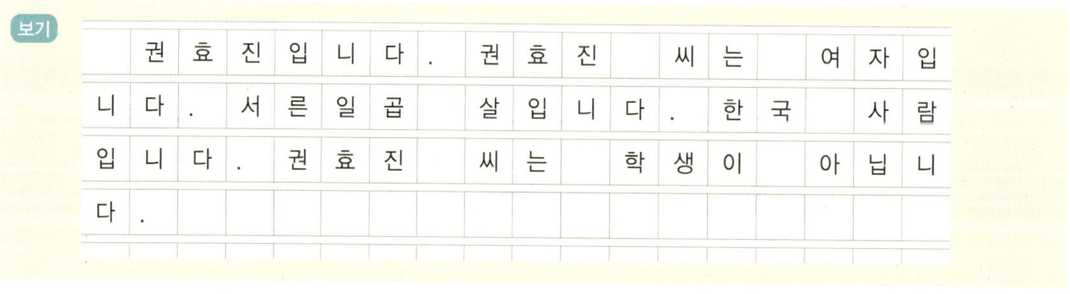
권효진입니다. 권효진 씨는 여자입니다. 서른일곱 살입니다. 한국 사람입니다. 권효진 씨는 학생이 아닙니다.

숫자 1

숫자 2 p. 120

		하나 (한)	둘 (두)	셋 (세)	넷 (네)	다섯	여섯	일곱	여덟	아홉
		1	2	3	4	5	6	7	8	9
열	10	11	12	13	14	15	16	17	18	19
스물 (스무)	20	21	22	23	24	25	26	27	28	29
서른	30	31	32	33	34	35	36	37	38	39
마흔	40	41	42	43	44	45	46	47	48	49
쉰	50	51	52	53	54	55	56	57	58	59
예순	60	61	62	63	64	65	66	67	68	69
일흔	70	71	72	73	74	75	76	77	78	79
여든	80	81	82	83	84	85	86	87	88	89
아흔	90	91	92	93	94	95	96	97	98	99

나라

캐나다
미국
멕시코
브라질
일본
베트남
호주
한국
중국
몽골
러시아
태국
인도
카자흐스탄
사우디아라비아
독일
이집트
프랑스
이탈리아
영국
스페인

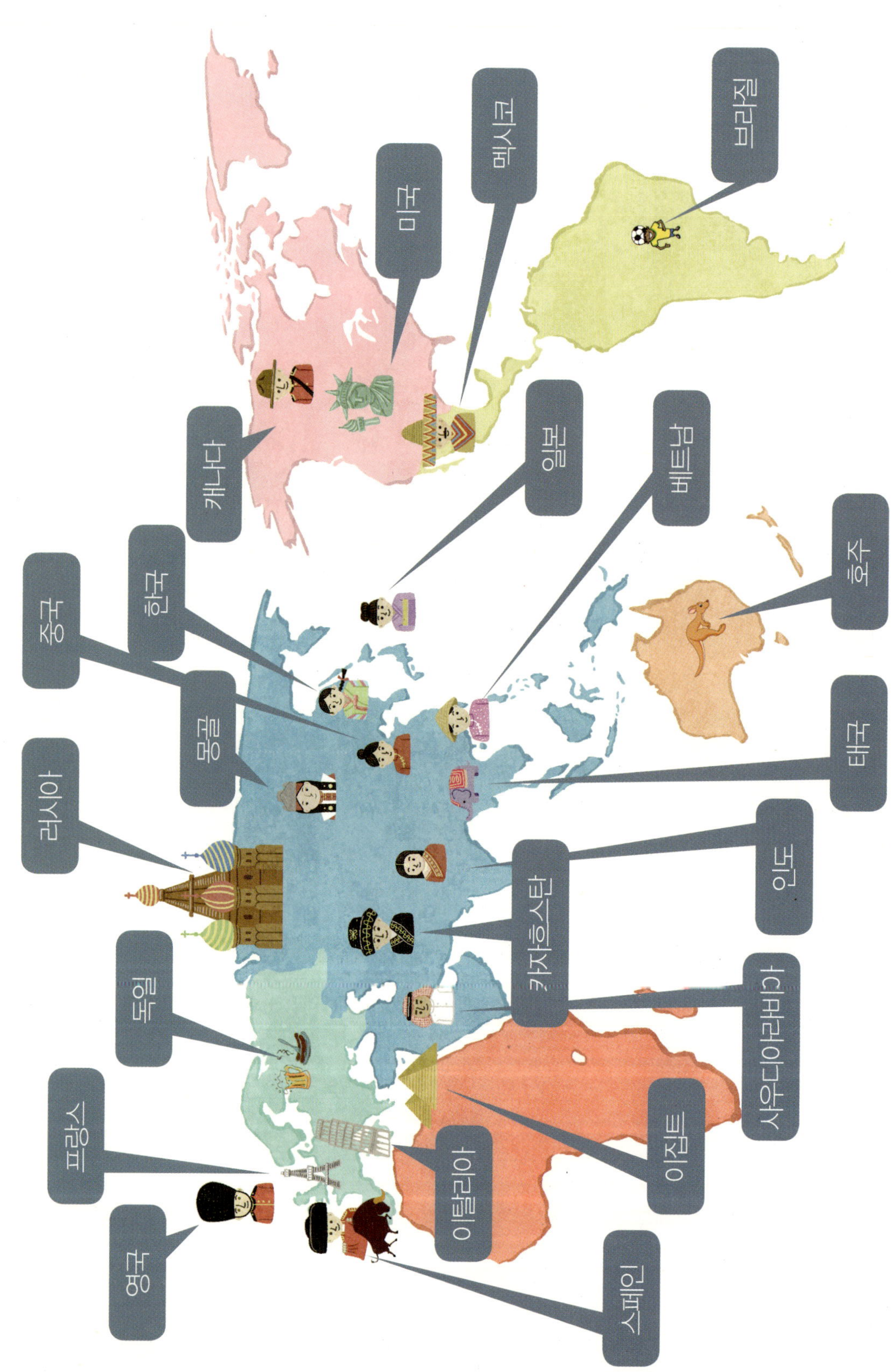

07

이것이 무엇입니까?

학습목표

말해봅시다	사물의 이름
알아봅시다	1 N이/가 있다/없다 2 무슨 N
연습해봅시다	
듣고 말해봅시다	음식 소개
읽고 써봅시다	교실 물건 소개

1 무엇이 있습니까?

2 여러분은 무엇이 있습니까?

말해봅시다

세실: 이것이 무엇입니까?

지영: 이것은 책입니다.

세실: 무슨 책입니까?

지영: 한국어 책입니다.
세실 씨, 한국어 책이 있습니까?

세실: 아니요, 한국어 책이 없습니다.

발음

- 무엇입니까[무어심니까]
- 있습니까[읻씀니까]

대화 연습

내용을 바꿔서 친구와 이야기해 보세요.

1. 책/ 소설책
2. 공/ 축구공
3. 카드/ 교통카드

무엇입니까? 친구에게 물어보세요.

어휘 및 표현

- **이것** | 이것은 시계입니다.
- **무엇** | 무엇이 있습니까?
- **한국어 책** | 한국어 책이 있습니다.

알아봅시다

1 N이/가 있다/없다

The subject marker 'N이/가' is attached to a noun to indicated the subject of a situation or condition. '있다 (to have/exist/be)' is to state the existence or possession of people, animals, or items. If it does not exist or if there are none, then use '없다'.

N	받침 ○	학생이 있습니다
	받침 X	친구가 없습니다

가: 에릭 씨**가 있습니까?**
나: 아니요, **없습니다.**

가: 무엇**이 있습니까?**
나: 한국어 책**이 있습니다.**

가: 돈**이 있습니까?**
나: 아니요, 돈**이 없습니다.**

가: 외국인 친구**가 있습니까?**
나: 네, **있습니다.**

이다 vs 있다
'있다' is a frequently using verb along with '이다'. English translations of these two verbs share the same meaning 'to be' but '있다' has more detailed meanings such as 'to have' and 'to exist'.

2 무슨 N

'무슨 N' is a question word that refers to particular nouns. It is used when asking for specific names or titles of things.

가: **무슨** 책이 있습니까?
나: 한국어 책이 있습니다.

가: 이것이 **무슨** 과일입니까?
나: 사과입니다.

연습해봅시다

N이/가 있다/없다

1. 보기와 같이 대화를 만들어 보세요.

가: **공책**이 있습니까?
나: 네, 있습니다.

가: **컴퓨터**가 있습니까?
나: 아니요, 없습니다.

① 공책	② 텔레비전	③ 연필	④ 에어컨	⑤ 휴대폰
⑥ 컴퓨터	⑦ 교통카드	⑧ 지우개	⑨ 지갑	⑩ 휴지
⑪ 필통	⑫ 시계	⑬ 돈	⑭ 달력	⑮ 가방
⑯ 선풍기	⑰ 칫솔	⑱ 비누	⑲ 치약	⑳ 수건

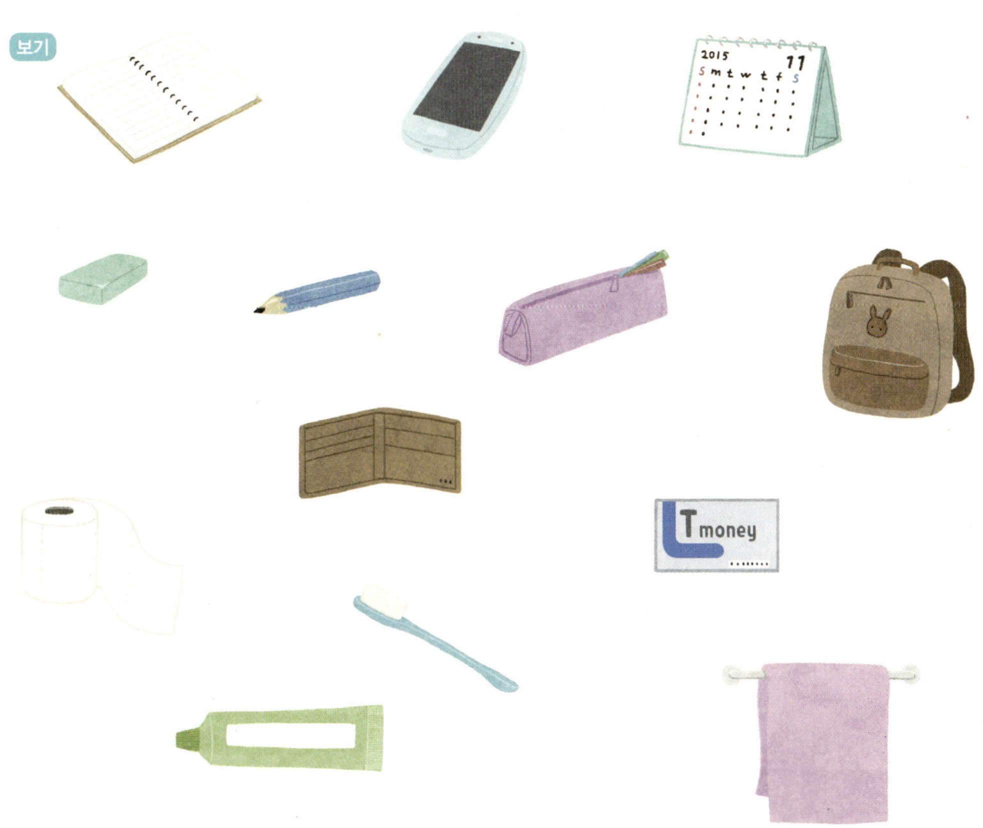

무슨 N

2. 보기와 같이 대화를 만들어 보세요.

보기

가: 무슨 **과일**이 있습니까?
나: **사과**가 있습니다.

3. 친구와 같이 게임을 합니다. 친구와 같이 이야기해 보세요.

(1) 무슨 카드가 있습니까?
(2) 카드를 기억하세요.
(3) 이것이 무엇입니까? 팀을 나누어 게임을 합니다.

듣고 말해봅시다

1. 무슨 음식입니까? 친구와 이야기해 보세요.

2. 들을 때 메모하세요.

한국 음식	비빔밥	칼국수	불고기
있습니까? (ㅇ, ×)			

3. 들은 내용을 써 보세요.

세 실: ___ 한국 음식입니까?

김영진: 네, ___ 한국 음식입니다.

세 실: ___ 음식입니까?

김영진: ___ 입니다.

세 실: 이것도 ___ 음식입니까?

김영진: 네, 이것은 칼국수입니다.

세 실: 불고기도 ___ ?

김영진: 아니요, 불고기는 ___ .

음식 N도

4. 여러분 나라에는 무슨 음식이 있습니까? 친구와 같이 이야기해 보세요.

읽고 써봅시다

1. 이것이 무엇입니까? 여기에 무엇이 있습니까?

2. 다음을 잘 읽어 보세요.

우리 교실입니다. 책상, 의자가 있습니다. 그리고 칠판, 에어컨, 텔레비전, 지도도 있습니다.

이것은 책상입니다. 책, 공책, 연필, 지우개가 있습니다. 이것은 책입니다. 이것은 공책입니다. 이것은 연필입니다. 볼펜이 아닙니다. 볼펜은 없습니다. 그리고 이것은 필통입니다. 이것은 휴대폰입니다. 이것은 가방입니다.

그리고　　휴대폰

3. 윗글을 읽고 있으면 O, 없으면 X 하세요.

책상	의자	칠판	에어컨	텔레비전	지도
○					
공책	연필	볼펜	필통	휴대폰	가방
		×			

4. 여러분 집에는 무엇이 있습니까? 친구하고 이야기하세요.

방	책상					
	○					

화장실						

친구 집에는 무엇이 있습니까? 써 보세요.

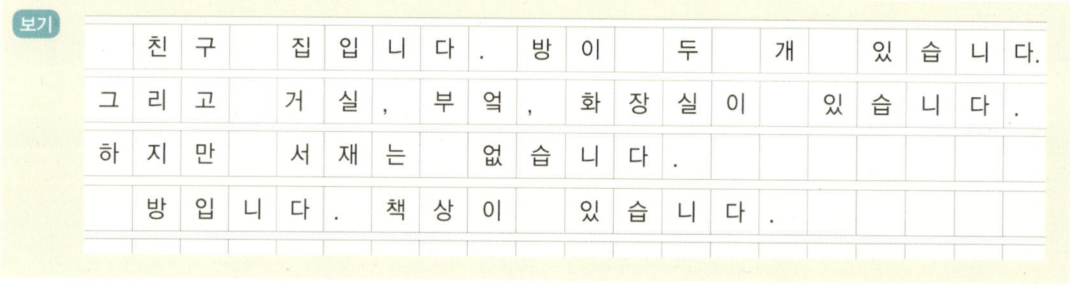
보기

친구 집입니다. 방이 두 개 있습니다. 그리고 거실, 부엌, 화장실이 있습니다. 하지만 서재는 없습니다.

방입니다. 책상이 있습니다.

방

냉장고

교실

화장실

이 사람이 누구입니까?

학습목표

말해봅시다	친구와 가족 소개
알아봅시다	1 이/그/저 N 2 어느 N
연습해봅시다	
듣고 말해봅시다	유명한 사람 소개
읽고 써봅시다	가족 소개

1 준이치 씨하고 지영 씨가 어떻습니까?

2 여러분 친구들이 어떻습니까?

말해봅시다

에릭: 이 사람이 누구입니까?
세실: 그 사람은 제 남동생입니다.
에릭: 남동생이 어떻습니까?
세실: 아주 멋있습니다.
에릭: 강아지하고 고양이가 귀엽습니다.
강아지하고 고양이 중에서 어느 동물이 좋습니까?
세실: 저는 강아지가 더 좋습니다.

발음

- 어떻습니까[어떠씀니까]
- 멋있습니다[머딛씀니다]
[머싣씀니다]

대화 연습

내용을 바꿔서 친구와 이야기해 보세요.

1 여동생/ 재미있습니다
2 형/ 친절합니다
3 어머니/ 예쁩니다

여러분의 가족이 어떻습니까?

어휘 및 표현

- **제 N** | 
가: 누구 책입니까?
나: 제 책입니다.
- **어떻다** | 한국 음식이 어떻습니까?
- **N_1하고 N_2** | 비빔밥하고 불고기가 있습니다.
- **N 중에서** | 산하고 바다 중에서 어디가 더 좋습니까?
- **더** | 비빔밥이 더 맛있습니다.

알아봅시다

1 이/그/저 N

'이/그/저 N' is used when you indicate toward something. When an object is close to the speaker, then use '이'. When an object is far away from both the speaker and listener, then use '저'. When an object is close to the listener, but far away from the speaker, then use '그'. '그' can be used when the object is out of view, but both the speaker and listener know the object.

이 사람은 학생입니다.
이 사람은 멋있습니다.

그 사람은 팅팅입니다.
그 사람은 예쁩니다.

저 사람은 의사입니다.
저 사람은 친절합니다.

2 어느 N

'어느 N' is used when the speaker asks the listener about a preference between several items.

가: **어느** 나라 사람입니까?
나: 저는 중국 사람입니다.

가: 이 둘 중에서 **어느** 것이 좋습니까?
나: 이것이 좋습니다.

가: 사과하고 바나나 중에서 **어느** 과일이 맛있습니까?
나: 바나나가 더 맛있습니다.

- 사람인 경우 '누가'로 질문합니다.
- 누구+가 → 누가
  가: 이 사람하고 저 사람 중에서 누가 좋습니까?
  나: 저 사람이 좋습니다.

연습해봅시다

이/그/저 N

1. 보기와 같이 알맞은 말에 ○ 하세요.

보기

가: 저 사람이 누구입니까?

나: (이 / 그 / (저)) 사람은 상우입니다.

(1)

가: 이 사람이 누구입니까?

나: (이 / 그 / 저) 사람은 제 오빠입니다.

(2)

가: 그 사람이 어떻습니까?

나: (이 / 그 / 저) 사람은 예쁩니다.

(3)

가: 무슨 동물입니까?

나: (이 / 그 / 저) 동물은 고양이입니다.

(4)

가: 그 음식이 어떻습니까?

나: (이 / 그 / 저) 음식은 맛있습니다.

어느 N

2. 보기와 같이 대화를 만들어 보세요.

보기

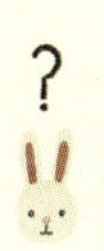

가: 토끼하고 고양이 중에서
어느 동물이 더 귀엽습니까?

나: 토끼가 더 귀엽습니다.

질문	나	친구
(1) 토끼 / 고양이, 귀엽습니다	토끼	
(2) 오이 / 당근, 좋습니다		
(3) 딸기 / 포도, 맛있습니다		
(4) 드라마 / 영화, 재미있습니다		
(5) / , ________		

3. 보기 와 같이 우리 반 친구 이야기를 해 보세요.

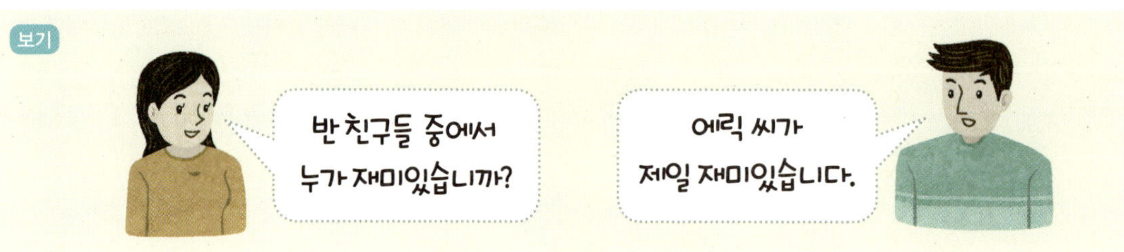

듣고 말해봅시다

33

1. 이 사람들이 어떻습니까?

2. 들을 때 메모하세요.

누구 ________

직업 ________

어떻습니까? ________

3. 들은 내용을 써 보세요.

☐☐☐☐ 은 ☐ 오빠입니다.

☐ 오빠는 ☐☐ 입니다. 오빠는 아주 ☐☐☐☐☐☐.

그리고 키가 ☐☐☐☐. 저는 오빠 노래가 ☐☐☐☐☐.

그리고 오빠 춤은 ☐☐☐☐☐☐☐.

오빠는 아내가 있습니다. 아내가 ☐☐☐☐☐.

저는 오빠가 ☐☐☐☐☐.

아주	키	노래	춤	아내

4. 친구와 같이 여러분 나라의 유명한 사람을 소개해 보세요.

읽고 써봅시다

1. 친구와 같이 이야기해 보세요.

가족이 몇 명입니까?
가족의 직업이 무엇입니까? 그 사람이 어떻습니까?

2. 다음은 상우 씨의 가족 이야기입니다. 잘 읽어 보세요.

이것은 제 가족사진입니다. 우리 가족은 아버지, 어머니, 누나, 남동생, 여동생, 저입니다. 이 사람은 제 아버지입니다. 아버지는 의사입니다. 52살입니다. 아버지는 멋있습니다. 우리 어머니는 의사가 아닙니다. 주부입니다. 49살입니다. 어머니는 친절합니다.

이 사람은 누나입니다. 누나는 대학생입니다. 아주 예쁩니다. 그리고 이 사람은 제 여동생입니다. 여동생은 초등학생입니다. 질문이 많습니다.

가족사진 대학생 초등학생 질문

3. 상우 씨의 가족 이야기를 읽고 맞으면 O, 틀리면 X 하세요.

❶ 상우는 여자입니다.	O	X
❷ 아버지는 주부입니다.	O	X
❸ 어머니는 친절합니다.	O	X
❹ 누나는 초등학생입니다.	O	X
❺ 여동생은 질문이 많습니다.	O	X

4. 여러분 가족은 어떻습니까? 가족을 그리고 소개하세요.

누구	직업	나이	어떻습니까?
아버지	의사	52살	멋있습니다.

여러분의 가족을 소개하는 글을 쓰세요.

보기

우리 가족은 네 명입니다. 아버지, 어머니, 누나, 저입니다.

가족

82살
75살
73살
73살
할아버지
할머니
외할아버지
외할머니
54살
53살
아버지
어머니
20살
형
누나
16살
12살
27살
24살
나
오빠
언니
남동생
여동생

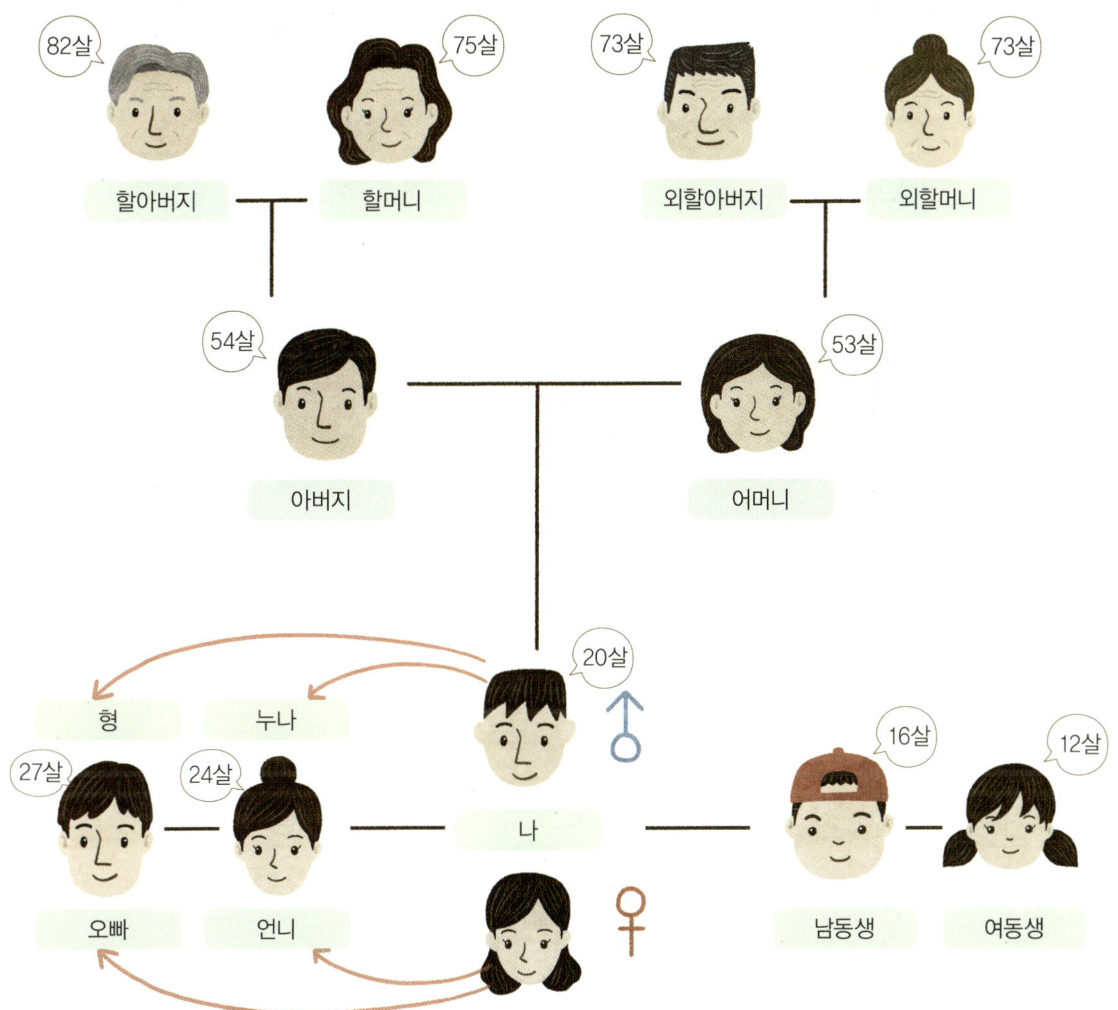

상태동사(DV) 1

DV 2 p. 121

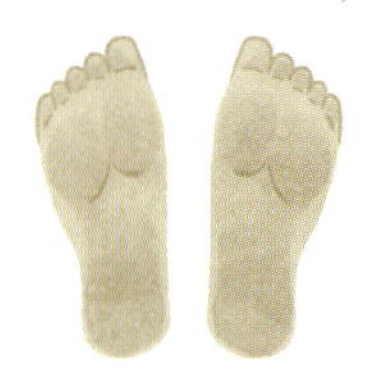

큽니다

작습니다

많습니다

적습니다

친절합니다

재미있습니다

재미없습니다

맛있습니다

귀엽습니다

좋습니다

멋있습니다

예쁩니다

빠릅니다

느립니다

피곤합니다

바쁩니다

09

어디에 있습니까?

학습목표

말해봅시다	물건과 장소의 위치
알아봅시다	1 N(장소)에 있다/없다
연습해봅시다	
듣고 말해봅시다	장소 찾기
읽고 써봅시다	우리 동네

1 에릭은 지금 무엇이 없습니까? 그것이 어디에 있습니까?

2 여러분 물건은 어디에 있습니까? 누구한테 있습니까?

말해봅시다

에릭: 지영 씨, 케이크가 어디에 있습니까?

지영: 팅팅 씨한테 있습니다.

에릭: 팅팅 씨는 지금 어디에 있습니까?

지영: 식당에 있습니다. 그 식당은 커피숍하고 옷가게 사이에 있습니다.

에릭: 거기가 어떻습니까?

지영: 큽니다.

발음

- 식당[식땅]
- 옷가게[옫까게]

대화 연습

내용을 바꿔서 친구와 이야기해 보세요.

1. 제 컴퓨터/ 상우/ 도서관/ 학생 식당 옆
2. 제 책/ 오빠/ 슈퍼마켓/ 우체국 앞
3. 고양이/ 세실/ 기숙사/ 운동장 왼쪽

친구가 어디에 있습니까? 친구한테 무엇이 있습니까?

어휘 및 표현

- **케이크** | 빵집에 케이크가 있습니다.
- **N한테** | 가방이 누구한테 있습니까?
- **지금** | 지금 교실에 누가 없습니까?

알아봅시다

1 N(장소)에 있다/없다

'N에' is a frequently used particle in Korean. Nouns which indicate time or place are followed by this particle. In this chapter, we focus on 'Place에' which indicates place. And in this case, 'Place에 있다' is used to state the location of things.

가: 에릭 씨가 교실**에 있습니까?**
나: 아니요, 에릭 씨는 교실**에 없습니다.**
가: 에릭 씨는 어디**에 있습니까?**
나: 에릭 씨는 집**에 있습니다.**

어디	
이곳	여기
그곳	거기
저곳	저기

가: 제 가방이 어디**에 있습니까?**
나: 에릭 씨**한테 있습니다.**
가: 제 휴대폰이 누구**에게 있습니까?**
나: 아버지**께 있습니다.**

'N한테' is a particle which means 'to (a person)'. Therefore, when used with '있다/없다', '–한테' means that something belongs to the person mentioned in the sentence. If the person is older or higher, we use '–께' instead of '–한테'. Therefore 'Person께' is honorific form of 'Person한테'. 'Person에게' is used for the literary style.

연습해봅시다

(장소)에 있다/없다

1. 아래의 그림을 보고 와 같이 이야기해 보세요.

보기

가: 슈퍼마켓이 어디에 있습니까?
나: 지하 1층에 있습니다.

가: 생선이 어디에 있습니까?
나: 아저씨한테 있습니다.

생선 나무 컴퓨터 쓰레기통 컵 시계

2. 여기에 무엇이 있습니까? 그리고 어디에 있습니까? 친구와 이야기해 보세요.

(1)

(2)

(3)

(4)

여러분 방에 무엇이 있습니까?

듣고 말해봅시다

1. 학교에 무엇이 있습니까? 그리고 어디에 있습니까?

2. 들을 때 메모하세요.

장소

위치

무엇

어떻습니까?

3. 들은 내용을 써 보세요.

팅　팅: 실례합니다. 도서관이 ______ 있습니까?

아저씨: 도서관은 학생 식당하고 기숙사 ______ 있습니다.

팅　팅: 죄송합니다. 학생 식당이 ______?

아저씨: 저 건물이 학생 식당입니다. 도서관은 학생 식당 ______ 있습니다.

팅　팅: 학교 도서관이 큽니까?

아저씨: 네, 그리고 여러 가지 책이 ______.

팅　팅: 감사합니다.

아저씨: 아닙니다.

여러 가지 N

4. 우리 학교 옆에는 무엇이 있습니까? 어디에 있습니까?

장소	커피숍			
어디	편의점하고 빵집 사이			
무엇	커피, 주스			
어떻습니까?	큽니다			

그림을 그리고 친구와 이야기해 보세요.

읽고 써봅시다

1. 여러분 집 근처에 무엇이 있습니까? 친구와 같이 이야기해 보세요.

2. 다음은 동네 시장 이야기입니다. 잘 읽어 보세요.

우리 집 근처에 시장이 있습니다. 시장 가운데에 길이 있습니다. 길 옆에는 여러 가게가 있습니다. 길 오른쪽에 생선 가게가 있습니다. 생선 가게에는 여러 가지 생선이 있습니다. 생선 가게 왼쪽에는 야채 가게와 은행이 있습니다. 생선 가게와 은행 사이에 야채 가게가 많습니다. 그리고 은행 앞에는 꽃집이 있습니다. 꽃이 아주 예쁩니다.

저와 상우는 과일 가게 앞에 있습니다. 과일 가게는 꽃집 오른쪽에 있습니다. 과일 가게에 과일이 많습니다. 시장에서 과일 가게가 제일 큽니다.

근처 시장 길 생선 꽃집 조금 하지만 그래서 N와/과 제일

3. 윗글을 읽고 맞으면 O, 틀리면 X 하세요.

❶ 시장에 가게가 많습니다.  

❷ 꽃집 옆에 은행이 있습니다. 

❸ 우리는 과일 가게 앞에 있습니다. 

❹ 야채 가게 오른쪽에 꽃집이 있습니다. 

❺ 생선 가게는 은행과 야채 가게 사이에 있습니다. O X

4. 여러분 동네에 무엇이 있습니까?

여러분 동네를 소개하는 글을 쓰세요.

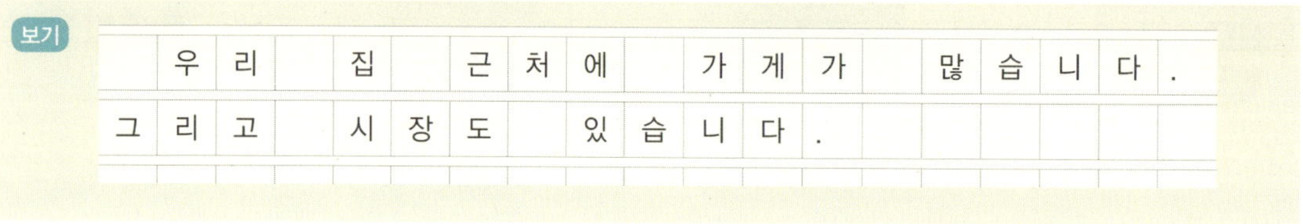

장소

공항
우체국
은행
병원
Book
서점
문구점
백화점
Sale
백화점
24
편의점
도서관
CINEMA
영화관
미용실
노래방
회사
POLICE
경찰서
1
외대앞역
입구
지하철역
BUS
버스정류장

위치어

토끼가 어디에 있습니까?

나무 **앞**

나무 **뒤**

의자 **위**

의자 **아래**

가방 **안**

가방 **밖**

의자하고 공 **사이**

방 **가운데**

공 **옆** (공 **오른쪽**)

공 **옆** (공 **왼쪽**)

10

콘서트가 어떻습니까?

학습목표

말해봅시다	콘서트 날짜
알아봅시다	1 V-ㅂ/습니다
연습해봅시다	
듣고 말해봅시다	시험 기간과 장소
읽고 써봅시다	우리 집

1 콘서트 / 세일 / 이사 / 시험이 언제입니까?

2 콘서트 / 세일 / 이사 / 시험이 어떻습니까?

말해봅시다

36

팅팅: '빅뱅' 콘서트가 언제입니까?

세실: 3월 9일입니다.

팅팅: 무슨 요일입니까?

세실: 토요일입니다. 아! 일요일도 콘서트가 있습니다.

팅팅: '빅뱅' 노래가 어떻습니까?

세실: 좋습니다. 그리고 재미있습니다.

발음

- 3월[사뭘]
- 일요일[이료일]

대화 연습

내용을 바꿔서 친구와 이야기해 보세요.

1 영화제/ 10월 21일/ 목요일, 금요일

2 음악회/ 9월 2일/ 일요일, 월요일

콘서트/영화제/음악회가 어떻습니까? 언제입니까?

어휘 및 표현

- **콘서트** | 가수들이 콘서트를 합니다.
- **요일** | 주말은 토요일하고 일요일입니다.

알아봅시다

1 Vㅂ/습니다

'Vㅂ/습니다' is a formal ending and a formal expression to indicate present tense.

가: 선생님이 **어떻습니까?**
나: 선생님이 **좋습니다.**

가: 에릭 씨는 키가 **큽니까?**
나: 네, 키가 **큽니다.**

가: 집이 **가깝습니까?**
나: 아니요, **멉니다.**

가: 무슨 음식이 **맛있습니까?**
나: 비빔밥이 **맛있습니다.**
다: 불고기도 **맛있습니다.**

받침 O	V습니다	좋습니다
받침 X	Vㅂ니다	큽니다
받침 ㄹ		멉니다

의문사 Question Pronouns

무엇	What
누구	Who
어디	Where
언제	When
왜	Why
어떻게	How

연습해봅시다

V ㅂ/습니다

1. 보기와 같이 문장을 만들어 보세요.

보기

63빌딩 / 높다

63빌딩이 높습니다.

(1)

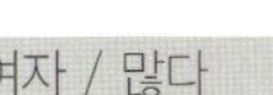

여자 / 많다

(2)

모자 / 적다

(3)

가방 / 크다

(4)

회사원 / 바쁘다

(5)

운동장 / 넓다

2. 보기와 같이 대화를 만들어 보세요.

보기

날씨 / 덥다

가: 날씨가 어떻습니까?

나: 날씨가 덥습니다.

(1)

날씨 / 춥다

(2)

머리카락 / 길다

(3)

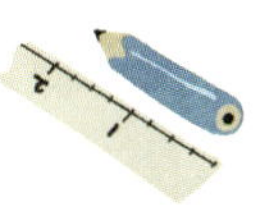

연필 / 짧다

(4)

방 / 깨끗하다

(5)

도서관 / 조용하다

3. 친구와 같이 게임을 하세요.

(1) 3명의 친구들이 주사위를 던져 나오는 수만큼 가세요.

(2) 제일 먼저 도착하는 사람이 이깁니다.

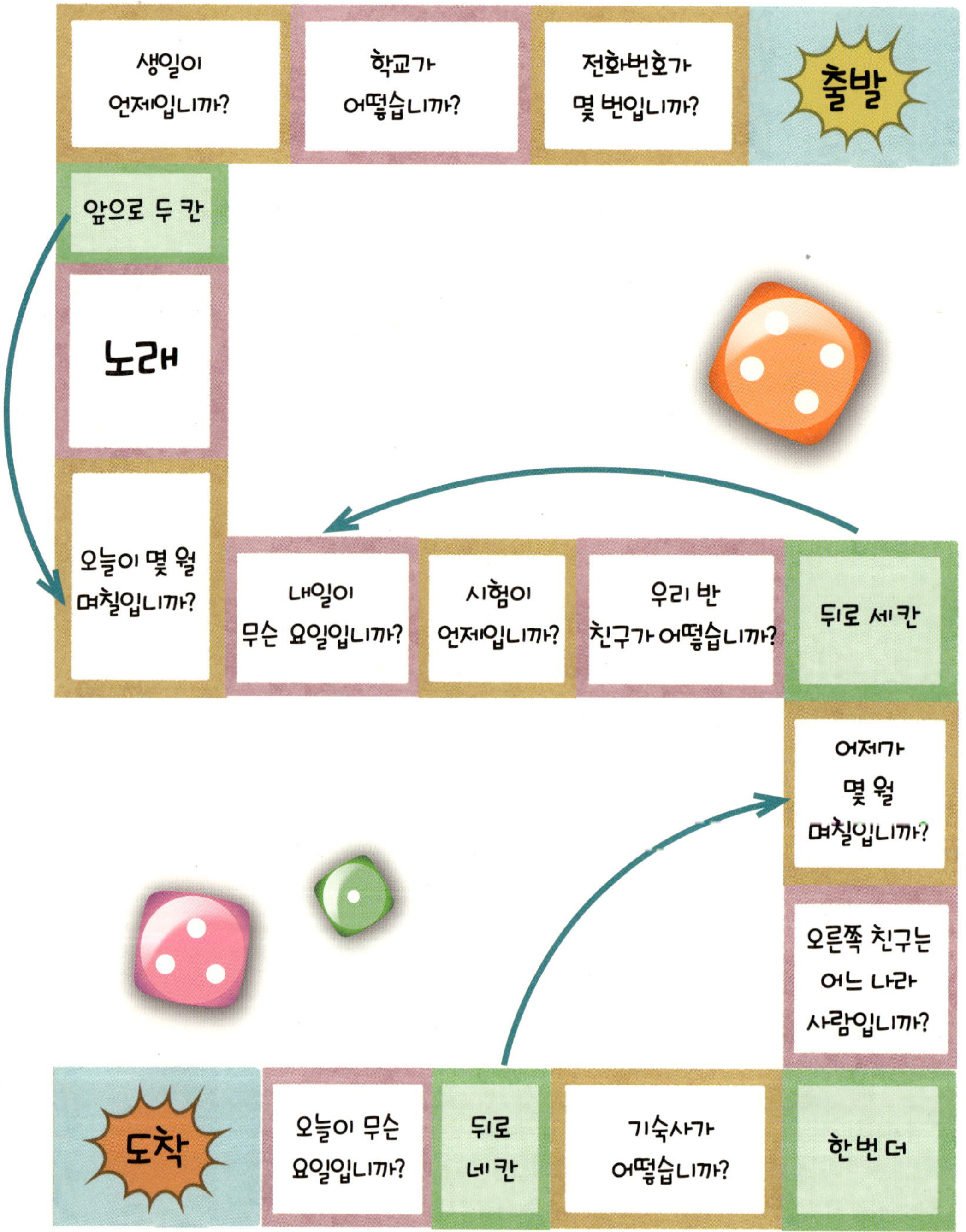

듣고 말해봅시다

1. 여러분은 시험이 어떻습니까?

2. 들을 때 메모하세요.

언제

어디

어떻습니까?

3. 들은 내용을 써 보세요.

에 릭: 선생님, 1급 시험이 언제입니까?

권효진: ☐☐☐☐☐ 입니다.

에 릭: 무슨 요일입니까?

권효진: ☐☐☐ 입니다. 아! 그리고 ☐☐☐ 도 시험이 있습니다.

에 릭: 시험 장소가 어디입니까?

권효진: 본관 ☐☐☐☐☐☐ 입니다.

에 릭: 선생님, 시험이 ☐☐☐☐☐?

권효진: 아니요, ☐☐☐☐☐.

시험 본관

4. 여러분한테 특별한 날이 있습니까? 친구와 같이 이야기하세요.

	나	친구
무엇		
언제		
어디		
어떻습니까?		

읽고 써봅시다

1. 여러분 집이 어떻습니까? 친구와 같이 이야기해 보세요.

2. 다음은 우리 집 이야기입니다. 잘 읽어 보세요.

우리 집은 지하철역 근처에 있습니다. 그래서 좋습니다.

우리 집은 3층 집입니다. 방 네 개, 화장실 두 개 그리고 거실과 부엌이 있습니다.

1층에 방, 거실, 부엌, 화장실이 있습니다. 1층 방은 아주 큽니다. 그래서 거기가 아버지와 어머니의 방입니다.

누나와 여동생 방은 2층에 있습니다. 2층에도 침실과 화장실이 있습니다. 2층에 침실이 두 개 있습니다. 누나 방은 넓습니다. 하지만 여동생 방은 작습니다.

제 방은 3층에 있습니다. 하지만 3층에는 화장실이 없습니다. 그리고 방이 한 개 있습니다. 제 방은 작습니다. 그리고 조금 더럽습니다. 하지만 편합니다.

방　거실　부엌　침실　더럽다　편하다

3. 우리 집 이야기를 읽고 맞으면 O, 틀리면 X 하세요.

❶ 제 방은 조금 더럽습니다. O X

❷ 3층에 화장실이 있습니다. O X

❸ 2층에 방이 두 개 있습니다. O X

❹ 부모님 방은 1층에 있습니다. O X

❺ 우리 집과 지하철역은 멉니다. O X

4. 여러분 집은 어떻습니까?

	기숙사	
어디	학교 안	
몇 층	8층	
무엇	1층 커피숍/ 지하 1층 헬스장	
어떻습니까?	좁다/ 깨끗하다/ 시끄럽다	

여러분 집을 소개하는 글을 쓰세요.

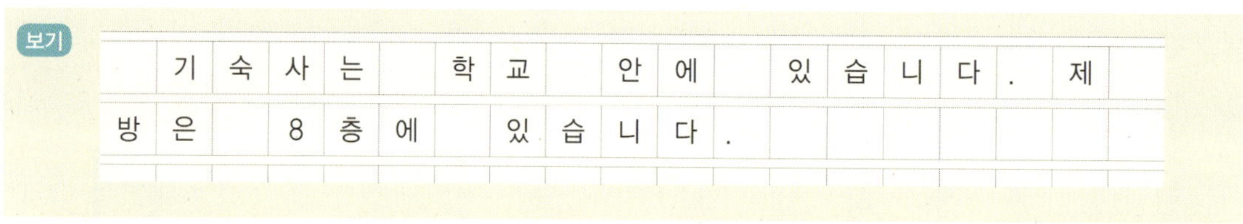

숫자 2

숫자 1 p. 72

영/공	일	이	삼	사	오	육	칠	팔	구	십
0	1	2	3	4	5	6	7	8	9	10

전화번호를 써 보세요.

보기	010-1234-5678	공일공 일이삼사 오육칠팔

날짜 몇 월 며칠입니까?

상태동사(DV) 2

DV 1 p. 97

11

어디에 갑니까?

학습목표

말해봅시다	장소에서 하는 일
알아봅시다	**1** N(장소)에 가다/오다/다니다 **2** N(장소)에서 N을/를 AV
연습해봅시다	
듣고 말해봅시다	친구가 가는 곳
읽고 써봅시다	서울 구경

1 이 사람들은 어디에서 무엇을 합니까?

2 여러분은 어디에 자주 갑니까?

말해봅시다

준이치: 어디에 갑니까?

지 영: 명동에 갑니다.

준이치: 명동에서 무엇을 합니까?

지 영: 구경을 합니다. 그리고 밥도 먹습니다.

준이치: 명동에 누구하고 같이 갑니까?

지 영: 자르갈 씨와 같이 갑니다.

발음

- 무엇을[무어슬]
- 같이[가치]

대화 연습

내용을 바꿔서 친구와 이야기해 보세요.

1 한강/ 산책을 하다/ 밥을 먹다/ 동생

2 종로/ 한국 친구를 만나다/ 차를 마시다/ 룸메이트

3 강남/ 영화를 보다/ 쇼핑을 하다/ 고향 친구들

친구가 어디에 갑니까?

어휘 및 표현

- **구경을 하다** | 동물원에서 구경을 합니다.
- **N하고 같이 (= N와/과 같이)** | 저는 동생하고 같이 삽니다.

알아봅시다

1 N(장소)에 가다/오다/다니다

'N에' is attached to nouns indicating place or location, which is used with the verbs '가다/오다/다니다'. It is used to indicate the direction or destination.

학교**에 갑니다.**

가: 누가 한국**에 옵니까?**
나: 고향 친구가 한국**에 옵니다.**

가: 형이 회사원입니까?
나: 네, 형은 회사**에 다닙니다.**

2 N(장소)에서 N을/를 AV

When 'N에서' is attached to a place or location noun, it means an action began in that place or location. 'N을/를' is a particle which is added to an objective, and it is followed by a transitive verb.

받침 O	N을	학생을
받침 X	N를	친구를

남동생이 식당**에서** 밥**을 먹습니다.**

친구가 커피숍**에서** 커피**를 마십니다.**

가: 백화점**에서** 무엇**을 합니까?**
나: 백화점**에서** 부모님 선물**을 삽니다.**

가: 부산**에서** 무엇**을 합니까?**
나: 바닷가 근처**를** 구경**합니다.**

연습해봅시다

N(장소)에 가다/오다/다니다

1. 보기 와 같이 대화를 만들어 보세요.

N(장소)에서 N을/를 AV

2. 보기 와 같이 대화를 만들어 보세요.

3. 학교 근처에 무엇이 있습니까? 친구들이 어디에 갑니까? 배운 문형을 사용해서 친구와 이야기해 보세요.

보기

가: 준이치 씨가 어디에 갑니까?
나: 기숙사에 갑니다.
가: 누구하고 같이 갑니까?
나: 혼자 갑니다.
가: 기숙사에서 무엇을 합니까?
나: 기숙사에서 TV를 봅니다.

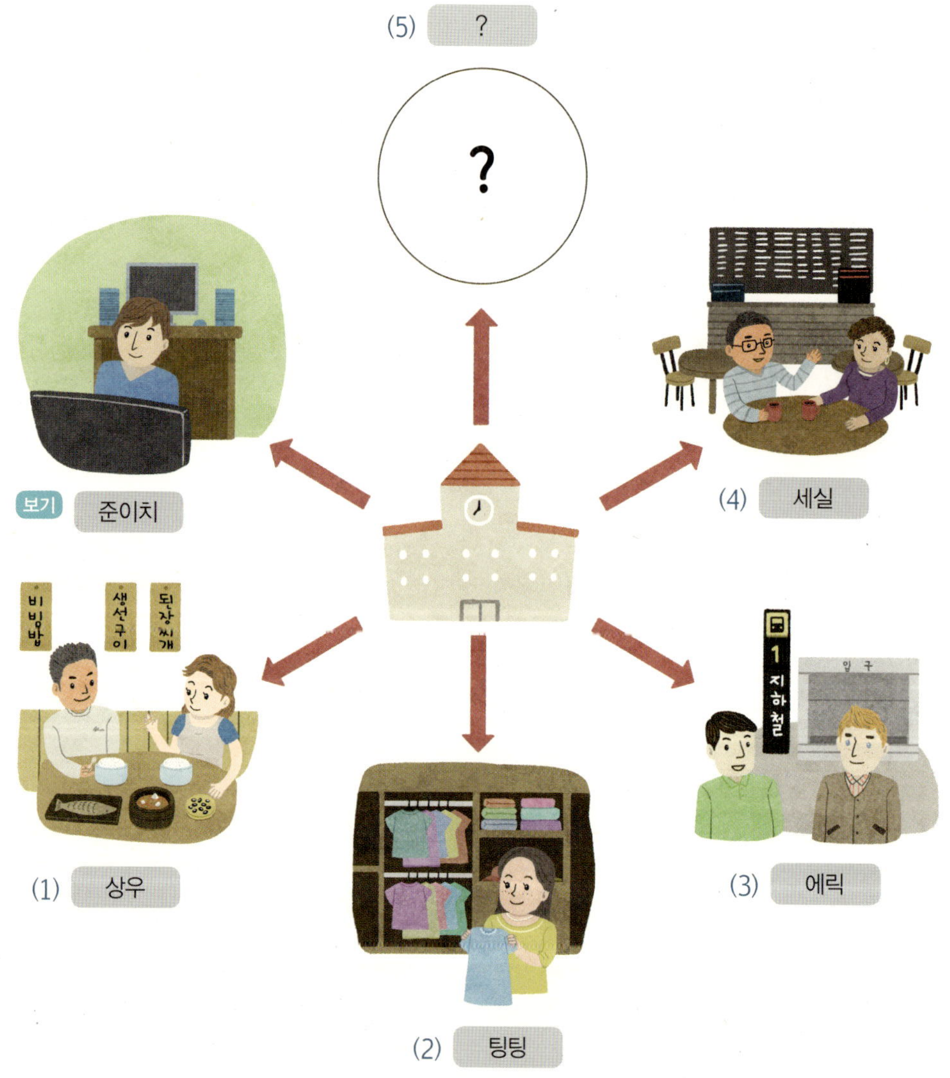

듣고 말해봅시다

1. 여기가 어디입니까? 사람들이 무엇을 합니까?

2. 들을 때 메모하세요.

어디

무엇

누구와

3. 대화의 내용과 같은 것을 고르세요.

① 남산이 학교에서 조금 멉니다.

② 두 사람은 오늘 남산에 갑니다.

③ 여자는 남산에서 커피를 마십니다.

④ 남자는 친구와 남산을 구경합니다.

4. 들은 내용을 써 보세요.

자르갈: 내일 [ ][ ][ ] 갑니까?

팅 팅: 남산에 갑니다.

자르갈: 남산에 [ ][ ] 갑니까?

팅 팅: 아니요, 고향 친구 [ ][ ][ ][ ][ ] 갑니다.

자르갈: 남산 [ ][ ][ ][ ][ ][ ][ ][ ][ ][ ][ ]?

팅 팅: 서울타워를 구경합니다. 그리고 커피를 [ ][ ][ ][ ][ ].

자르갈: 남산이 [ ][ ][ ][ ]?

팅 팅: 아니요, 가깝습니다.

내일 혼자

5. 여러분은 어디에 갑니까? 거기에서 무엇을 합니까?

(1) 어디에 갑니까?

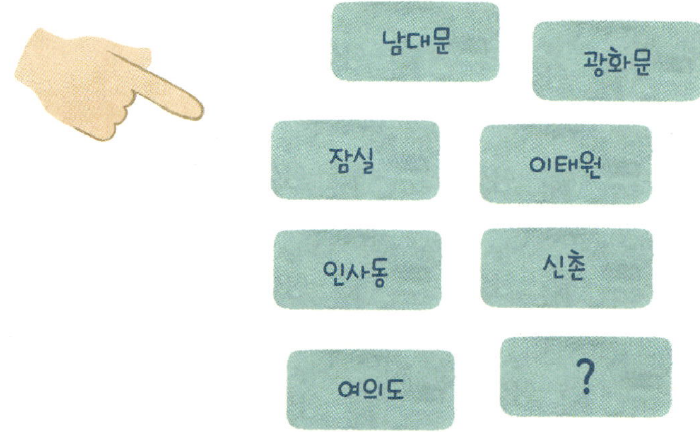

(2) 무엇을 합니까?

질문	나	친구1	친구2
(1) 어디에 갑니까?			
(2) 거기에서 무엇을 합니까?			
(3) 누구하고 같이 갑니까?			
(4)			

읽고 써봅시다

1. 친구와 같이 이야기해 보세요.

한국에서 어디에 자주 갑니까?

거기에서 무엇을 구경합니까?

2. 다음은 자르갈 씨의 이야기입니다. 잘 읽어 보세요.

저는 서울에서 인사동과 명동에 자주 갑니다. 그리고 여의도와 강남도 가끔 갑니다. 서울 구경이 아주 재미있습니다.

오늘은 인사동에 갑니다. 혼자 갑니다. 인사동은 한국 전통차가 유명합니다. 그래서 전통차를 마십니다. 인사동 근처에는 서점도 있습니다. 서점에서 책을 삽니다.

내일은 수업이 없습니다. 그래서 우리 반 친구들과 같이 여의도 공원에 갑니다. 우리는 거기에서 자전거를 탑니다. 그리고 한강에서 산책을 합니다.

자주　가끔　전통차　유명하다　사다　수업　우리 반　N들　공원　자전거를 타다　산책을 하다

3. 윗글을 읽고 맞으면 O, 틀리면 X 하세요.

❶ 오늘 인사동에 혼자 갑니다.　O　X

❷ 내일 한국어 수업이 있습니다.　O　X

❸ 오늘 한국 전통차를 마십니다.　O　X

❹ 반 친구들과 같이 한강에 갑니다.　O　X

❺ 여의도 공원 근처에서 책을 삽니다.　O　X

4. 여러분은 어디에 자주 갑니까? 거기에서 무엇을 합니까?

	질문	대답
한국	어디에 자주 갑니까?	
	보통 거기에서 무엇을 합니까?	
고향	어디에 자주 갑니까?	
	보통 거기에서 무엇을 합니까?	

여러분의 이야기를 쓰세요.

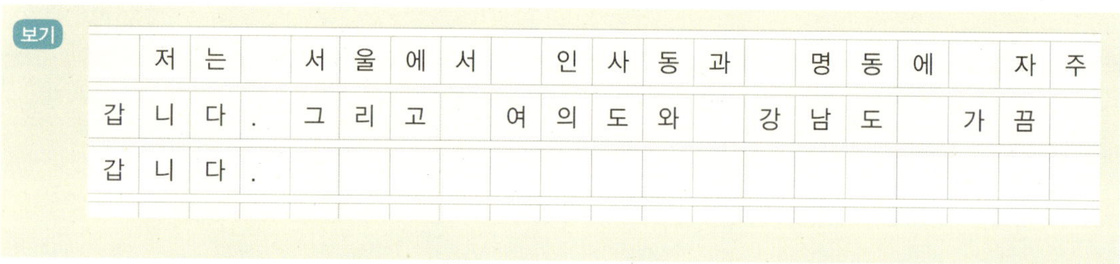

서울 구경

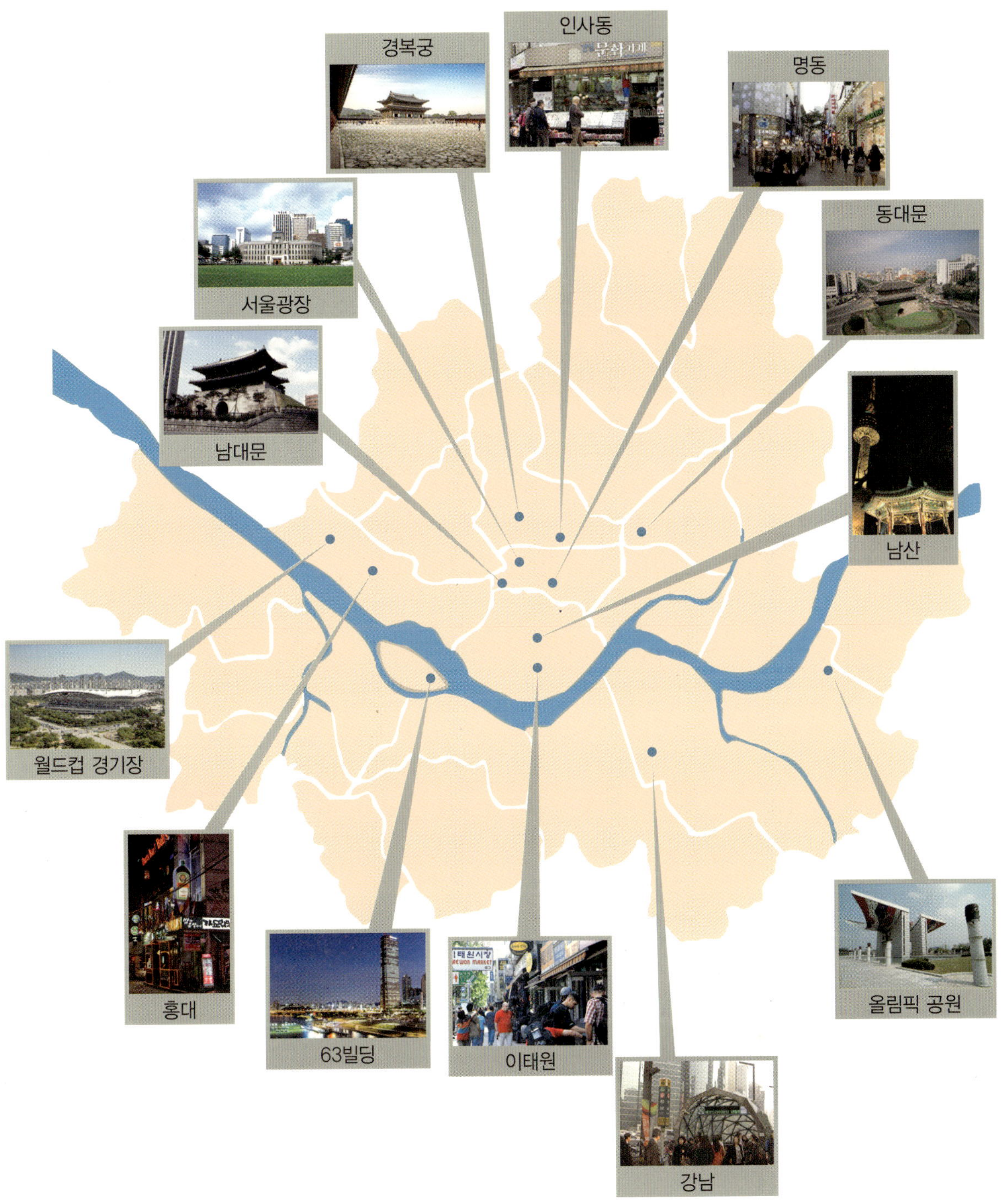

동작동사(AV) 1

AV 2 p. 145 AV 3 p. 157

N이/가

앉다

일어나다

쉬다

살다

N을/를

보다

듣다

읽다

쓰다

먹다

마시다

만나다

씻다

N하고
N와/과

이야기를 하다

전화를 하다

헤어지다

12

지금 몇 시입니까?

학습목표

말해봅시다	시간과 약속
알아봅시다	1 N(시간)에 2 안 V / V지 않다
연습해봅시다	
듣고 말해봅시다	저녁 때 하는 일
읽고 써봅시다	하루 일과

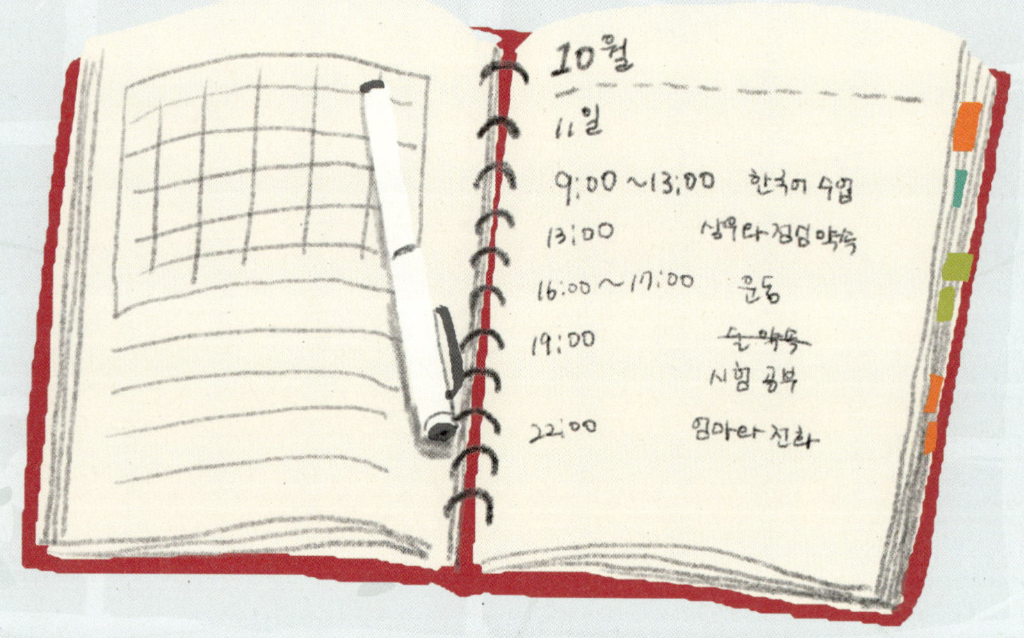

1 세실 씨는 오전과 오후에 무엇을 합니까?

2 여러분의 하루는 어떻습니까?

말해봅시다

준이치: 지금 몇 시입니까?
지 영: 한 시 반입니다. 약속이 있습니까?
준이치: 네, 두 시에 한국 친구를 만납니다.
지 영: 한국 친구하고 같이 한국어를 공부합니까?
준이치: 아니요, 오늘은 공부를 안 합니다. 같이 공연을 봅니다.
지 영: 공연장이 가깝습니까?
준이치: 아니요, 가깝지 않습니다.

발음

- 몇 시[면씨]
- 약속[약쏙]

대화 연습

내용을 바꿔서 친구와 이야기해 보세요.

1 2:00/ 3:00/ 영화를 보다/ 영화관
2 4:00/ 4:30/ 연극을 보다/ 극장
3 5:30/ 6:00/ 콘서트에 가다/ 공연장

여러분은 무슨 약속이 있습니까?

어휘 및 표현

- **반** | 한 시간 반 운동을 합니다.
- **약속이 있다** | 주말에 약속이 있습니다.
- **공연** | 오늘 저녁에 피아노 공연이 있습니다.

알아봅시다

1 N(시간)에

'N(Time)에' is used to indicate the time when an action or situation happens, and '-에' is attached to the time.

가: 몇 시**에** 갑니까?
나: 다섯 시**에** 갑니다.

가: 오늘 저녁**에** 무엇을 합니까?
나: 친구를 만납니다.

가: 오후**에** 수업이 있습니까?
나: 아니요, 오후**에는** 수업이 없습니다.

가: 금요일**에도** 아르바이트를 합니까?
나: 네, 금요일**에도** 합니다.

2 안 V / V지 않다

'안' is used to negate a condition or action, and is attached to an action verb or descriptive verb. In the case of action '하다' verbs, such as '공부하다', '전화하다', '안' should be placed between the noun '공부' or '전화' and the verb '하다'. 'V지 않다' is attached to an action verb or descriptive verb, and negates the action or state.

가: 내일 학교에 갑니까?
나: 아니요, 내일은 **안** 갑니다.

가: 그 책이 비쌉니까?
나: 아니요, **안** 비쌉니다.

가: 고기를 **안** 좋아합니까?
나: 네, 저는 고기를 **안** 좋아합니다.

가: 지금 공부합니까?
나: 아니요, 공부를 **안** 합니다.

가: 가방이 무겁습니까?
나: 아니요, 무겁**지 않습니다**.

가: 오늘 학교에 갑니까?
나: 아니요, 학교에 가**지 않습니다**.

연습해봅시다

N(시간)에

1. 보기 와 같이 대화를 만들어 보세요.

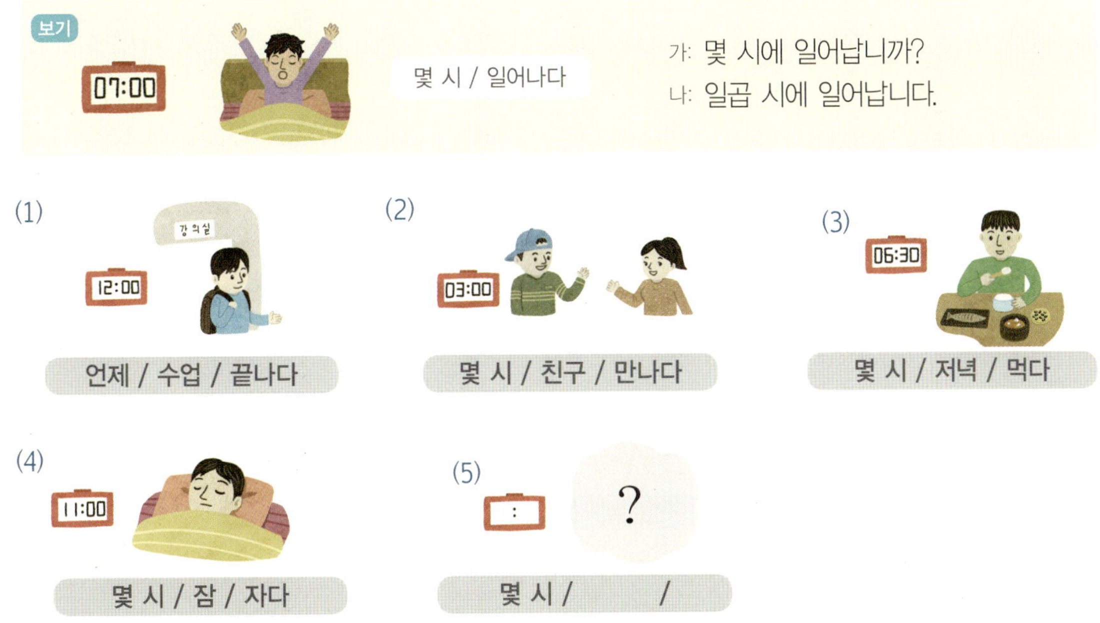

안 V / V지 않다

2. 보기 와 같이 대화를 만들어 보세요.

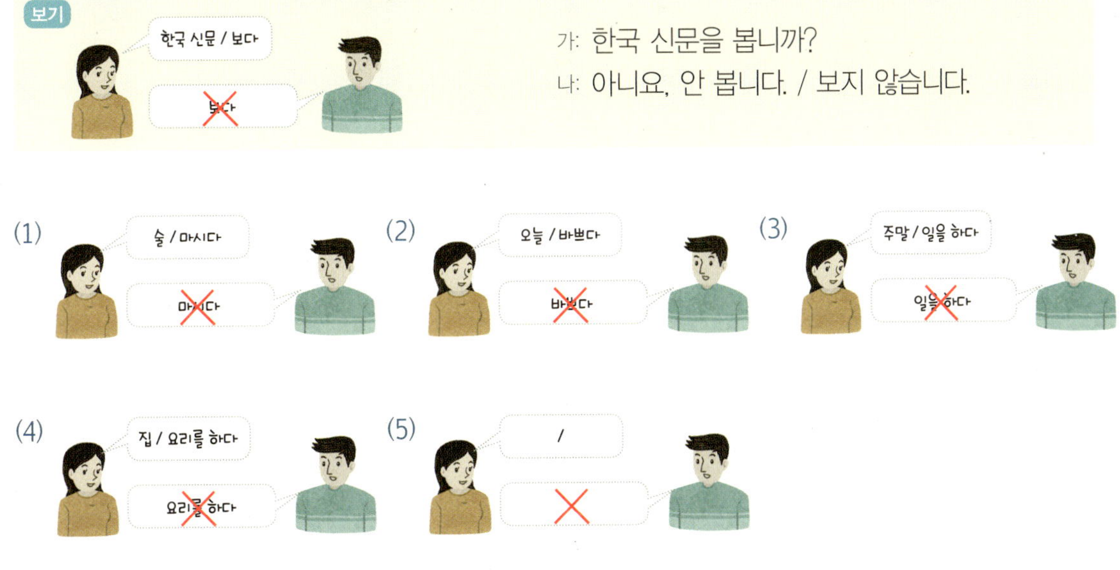

3. 다음은 에릭 씨의 하루입니다. 배운 문형을 사용해서 친구와 이야기해 보세요.

가: 에릭 씨는 몇 시에 일어납니까?
나: 여덟 시에 일어납니다.

가: 에릭 씨는 오전에 운동을 합니까?
나: 아니요, 오전에는 운동을 안 합니다. 저녁에 합니다.

듣고 말해봅시다

1. 여러분은 보통 낮에 무엇을 합니까? 그리고 저녁에 무엇을 합니까?

2. 들을 때 메모하세요.

준이치

팅팅

---

3. 대화의 내용과 같은 것을 고르세요.

❶ 여자는 오늘 한국 친구를 만납니다.
❷ 여자는 보통 저녁에 남자를 만납니다.
❸ 남자는 주말 저녁에 운동을 안 합니다.
❹ 남자는 매일 운동을 한 시간 반 합니다.

4. 들은 내용을 써 보세요.

팅 팅: 준이치 씨는 보통 ☐☐☐ 무엇을 합니까?

준이치: 저는 저녁에 운동을 합니다.

팅 팅: 운동을 몇 ☐☐ 합니까?

준이치: 한 시간 ☐ 합니다.

팅 팅: 매일 운동을 합니까?

준이치: 아니요, 주말에는 ☐ ☐☐☐☐.

팅팅 씨는 보통 저녁에 무엇을 합니까?

팅 팅: 저는 보통 한국 친구를 ☐☐☐☐☐.

준이치: 그럼, 오늘도 한국 친구를 만납니까?

팅 팅: 아니요, 오늘은 친구를 ☐☐☐ ☐☐☐☐☐.

일이 많습니다.

보통 매일

5. 친구는 보통 저녁에 무엇을 합니까? 친구와 이야기해 보세요.

_____의 저녁

시간	무엇을 합니까?
:	
:	
:	
:	

읽고 써봅시다

1. 친구와 같이 이야기해 보세요.

여러분은 일찍 일어납니까?

보통 몇 시에 아침을 먹습니까?

2. 다음은 준이치 씨의 하루입니다. 잘 읽어 보세요.

저는 보통 아침 일찍 일어납니다. 항상 일곱 시쯤 일어납니다. 그리고 세수를 합니다. 그 다음에 이를 닦습니다. 여덟 시에 집에서 아침을 먹습니다. 오전에는 수업이 없습니다. 그래서 집에서 쉽니다. 저는 열 시쯤 학교에 갑니다. 열 시부터 열두 시까지 도서관에서 공부를 합니다. 숙제도 합니다. 열두 시쯤 학생 식당에서 점심을 먹습니다. 그리고 한 시 십 분부터 다섯 시까지 한국어 수업을 듣습니다. 한국어가 아주 재미있습니다.

저녁에는 친구를 만납니다. 친구와 같이 고향 음식을 먹습니다. 고향 음식이 맛있습니다. 가끔 같이 운동도 합니다. 여덟 시쯤 친구와 헤어집니다. 그리고 혼자 집에서 드라마를 봅니다. 또는 인터넷을 합니다. 저는 밤 열 시쯤 씻습니다. 그리고 열 시 반쯤 잠을 잡니다.

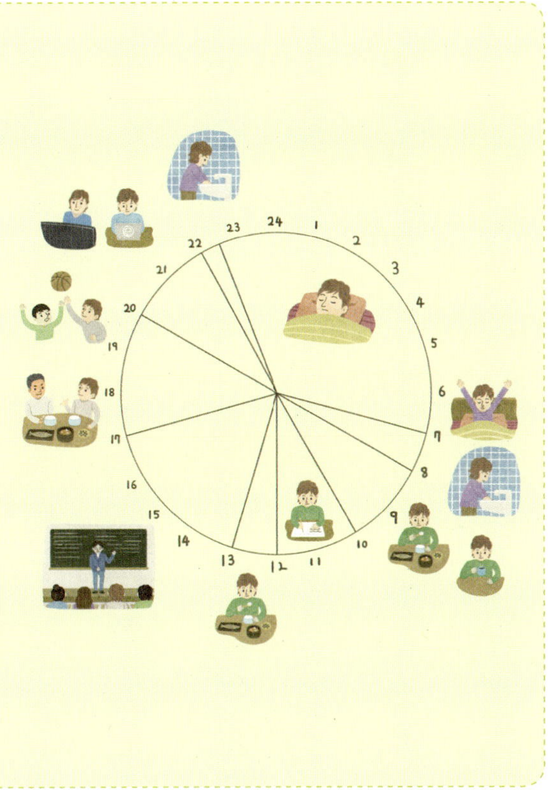

일찍 항상 N쯤 세수를 하다 그 다음에 이를 닦다 수업을 듣다 또는 인터넷을 하다

3. 윗글을 읽고 맞으면 O, 틀리면 X 하세요.

❶ 아침 8시에 아침 식사를 합니다.

❷ 밤에 집에서 혼자 드라마를 봅니다.

❸ 보통 저녁에 한국 음식을 먹습니다.

❹ 한국어 수업은 오후 5시에 끝납니다.

❺ 오전에 도서관에서 공부를 한 시간 합니다.

4. 여러분의 하루는 어떻습니까?

질문	대답
몇 시에 일어납니까?	
오전에 무엇을 합니까?	
오후에 무엇을 합니까?	
몇 시에 잡니까?	

여러분의 하루 일과를 그려 보세요.

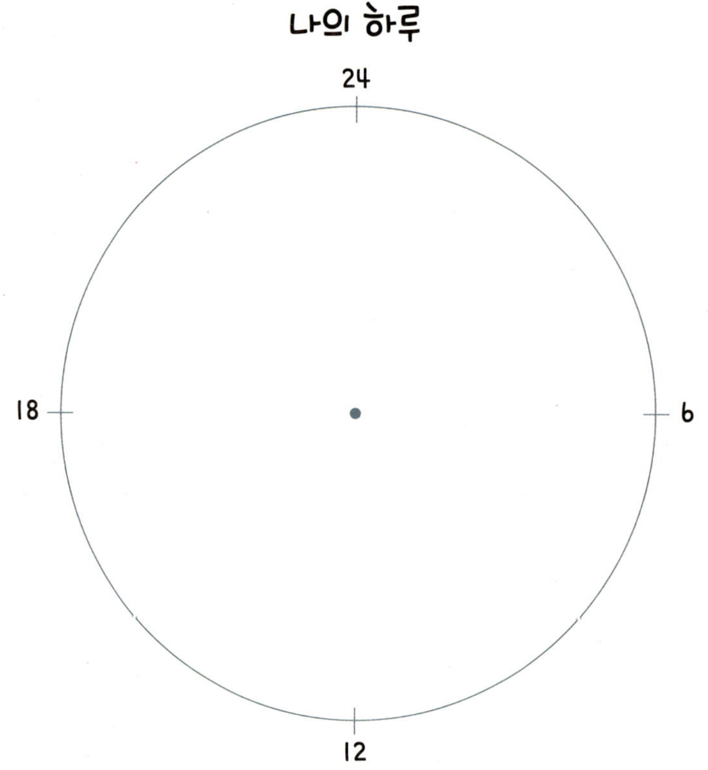

여러분의 하루 일과를 써 보세요.

보기

저는 보통 아침 일찍 일어납니다. 항상 일곱 시쯤 일어납니다.

시간 관련 표현

하루

0:00 ~ 11:59

오전(a.m.)

12:00 ~ 23:59

오후(p.m.)

낮

밤

아침

점심

저녁

몇 시 몇 분

가: 몇 시입니까?

나: 세 시 십오 분입니다.

가: 몇 시입니까?

나: 열두 시 반입니다.

몇 시부터 몇 시까지, 언제부터 언제까지

가: 몇 시부터 몇 시까지 공부합니까?

나: 아홉 시부터 한 시까지 공부합니다.

가: 언제부터 언제까지 일합니까?

나: 칠월부터 구월까지 일합니다.

두 시**에** 공부를 시작합니다.

네 시 반**에** 공부가 끝납니다.

두 시**부터** 네 시 반**까지** 공부합니다.

두 **시간** 삼십 분 공부합니다.

동작동사(AV) 2

AV 1 p. 133 AV 3 p. 157

N을/를 하다

공부를 하다

일을 하다

숙제를 하다

운동을 하다

요리를 하다

청소를 하다

빨래를 하다

노래를 하다

N을/를 AV

잠을 자다

꿈을 꾸다

춤을 추다

그림을 그리다

13

어제 무엇을 했습니까?

학습목표

말해봅시다	어제 한 일
알아봅시다	1 V았/었/였- 2 잘 AV / 못 AV(I)
연습해봅시다	
듣고 말해봅시다	잘하는 운동
읽고 써봅시다	친구가 잘하는 것

1 이 사람들이 무슨 운동을 합니까?

2 여러분은 무슨 운동을 좋아합니까?

말해봅시다

자르갈: 어제 몇 시에 집에 갔습니까?
준이치: 밤 열 시에 집에 갔습니다.
자르갈: 열 시까지 무엇을 했습니까?
준이치: 친구하고 농구를 했습니다.
자르갈: 농구를 잘합니까?
준이치: 아니요, 잘 못합니다. 그렇지만 제 친구는 아주 잘합니다.

발음
- 갔습니다[갇씀니다]
- 못합니다[모탐니다]
- 그렇지만[그러치만]

대화 연습

내용을 바꿔서 친구와 이야기해 보세요.

1 축구를 하다
2 배드민턴을 치다
3 스케이트를 타다

여러분은 어제 몇 시에 집에 갔습니까?
무엇을 했습니까?

어휘 및 표현

- **그렇지만(= 하지만)** | 한국어는 어렵습니다. 그렇지만 재미있습니다.

알아봅시다

1 V았/었/였-

'V았/었/였-' indicates some situation or event happened in the past.

	V	V았/었/였-	V았/었/였습니다
어간의 마지막 모음이 **'ㅏ, ㅗ'인 경우**	많다	+ -았-	많았습니다
	높다		높았습니다
	좁다		좁았습니다
	받다		받았습니다
	가다		갔습니다
	오다		왔습니다
어간의 마지막 모음이 **'ㅏ, ㅗ'가 아닌 경우**	먹다	+ -었-	먹었습니다
	만들다		만들었습니다
	마시다		마셨습니다
	배우다		배웠습니다
어간의 마지막 단어가 **'하-'인 경우**	공부하다	+ -였-	공부했습니다(공부하였습니다)
	깨끗하다		깨끗했습니다(깨끗하였습니다)
N이다	학생이다	받침 ○ + -이었-	학생이었습니다
	화가이다	받침 × + -였-	화가였습니다
• ㄷ → ㄹ	듣다	+ -었-	들었습니다
• ㅂ → 오/우	가깝다	+ -었-	가까웠습니다
	쉽다		쉬웠습니다
	돕다	+ -았-	도왔습니다
• ㅡ	쓰다	+ -었-	썼습니다
	아프다	+ -았-	아팠습니다
	예쁘다	+ -었-	예뻤습니다
• 르 → ㄹ ㅡ + ㄹ	모르다	+ -았-	몰랐습니다
	부르다	+ -었-	불렀습니다

가: 어제 무엇을 **했습니까?**
나: 어제 친구와 영화를 **봤습니다.**

가: 작년에도 회사에 **다녔습니까?**
나: 아니요, 작년에는 학생**이었습니다.**

가: 제주도 여행 때 날씨가 **어땠습니까?**
나: 아주 **좋았습니다.**

가: 그것이 숙제**였습니까?**
나: 아니요, 이것은 숙제가 **아니었습니다.**

2 잘 AV / 못 AV(Ⅰ)

'잘' is an adverb which means that one is good at something or does something well, and it is added to action verbs. When some action does not meet certain standards or if one is unable to do something, then '못' is used by adding to the action verb. '잘 못' is used when one is able to do an action, but not well.

가: 여동생이 피아노를 **잘** 칩니까?
나: 네, 아주 **잘** 칩니다. 피아노를 5년 배웠습니다.

가: 일본어를 **잘합니까?**
나: 아니요, **못합니다.**

가: 자전거를 **잘** 탑니까?
나: 아니요, **잘 못** 탑니다. 어제 처음 탔습니다.

AV	하다
잘 AV	잘하다
못 AV	못하다
잘 못 AV	잘 못하다

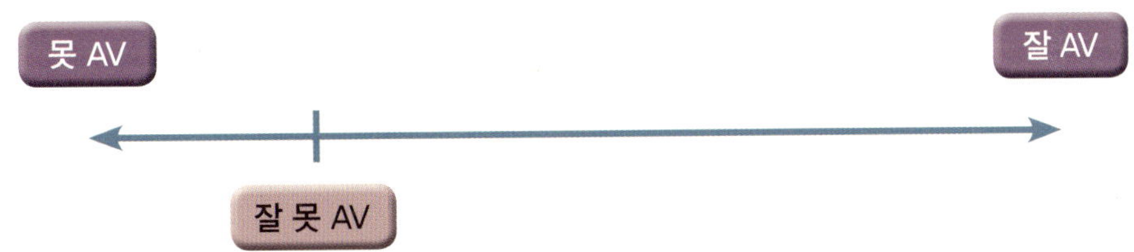

연습해봅시다

V았/었/였-

1. 보기와 같이 대화를 만들어 보세요.

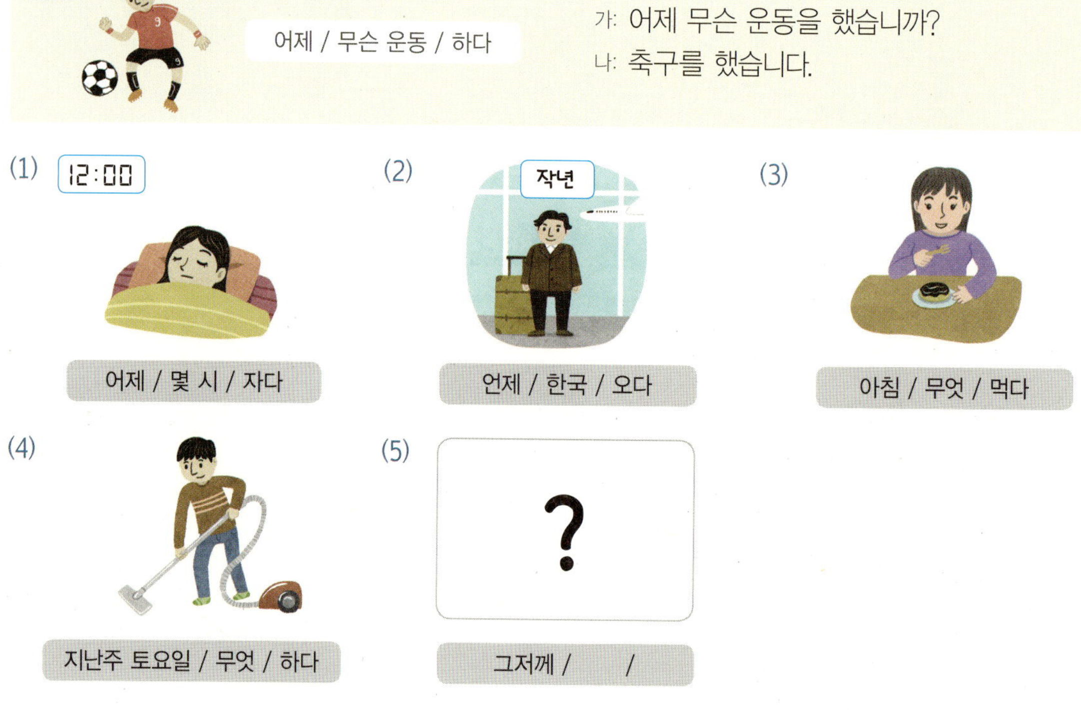

잘 AV / 못 AV / 잘 못 AV

2. 보기와 같이 대화를 만들어 보세요.

보기

가: 수영을 잘합니까?

나: 아니요, 못합니다.

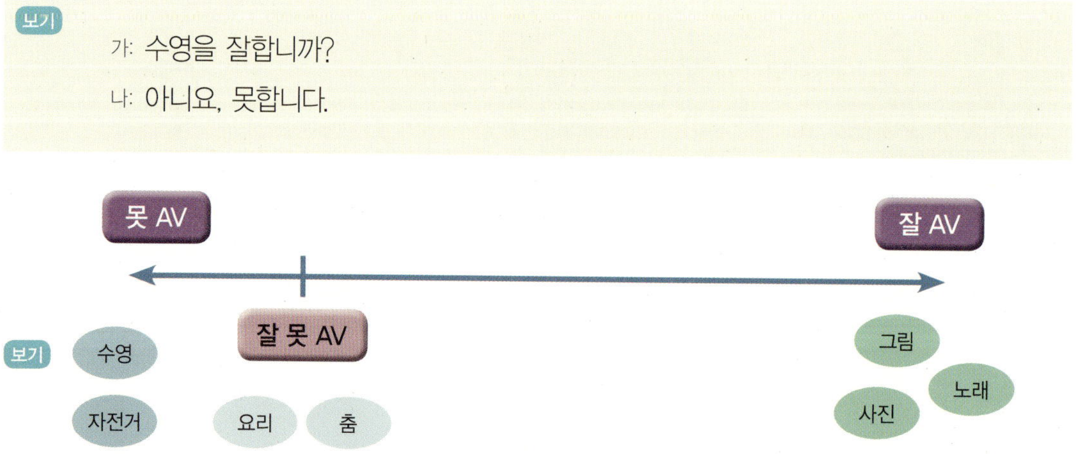

3. 팅팅 씨가 지난주에 무엇을 했습니까? 배운 문형을 사용해서 이야기해 보세요.

듣고 말해봅시다

43

1. 무슨 운동입니까? 여러분은 이 운동들을 잘합니까?

2. 들을 때 메모하세요.

상우 ______________________

____

세실 ______________________

3. 대화의 내용과 같은 것을 고르세요.

❶ 남자는 태권도를 잘 못합니다.
❷ 남자는 작년에 태권도를 배웠습니다.
❸ 여자는 오늘 처음 스케이트를 탔습니다.
❹ 여자는 어제부터 스케이트를 배웠습니다.

4. 들은 내용을 써 보세요.

세실: 상우 씨는 무슨 운동을 □□□□?

상우: 저는 태권도를 잘합니다.

세실: 언제부터 태권도를 □□□□□?

상우: □□부터 배웠습니다. 세실 씨도 태권도를 합니까?

세실: 아니요, 저는 태권도를 □□□□.

상우: 그러면, 무슨 운동을 잘합니까?

세실: 저는 스케이트를 잘 □□□.

어제도 스케이트를 □□□□.

작년　　그러면

5. 우리 반 친구들은 무엇을 잘합니까? 그것을 언제 처음 배웠습니까? 이야기해 보세요.

이름	무엇	잘(○) / 잘 못(△) / 못(×)	언제
팅팅	피아노	△	15살

보기

가: 팅팅 씨는 악기 연주를 잘합니까?
나: 저는 피아노를 조금 칩니다.
가: 피아노를 언제부터 배웠습니까?
나: 열다섯 살 때부터 배웠습니다.
세실 씨도 피아노를 칩니까?
가: 아니요, 저는 피아노를 못 칩니다.
하지만 기타는 잘 칩니다.

읽고 써봅시다

1. 친구와 같이 이야기해 보세요.

여러분의 친구가 어떻습니까?
그 친구는 무엇을 잘합니까?

2. 다음은 상우 친구의 이야기입니다. 잘 읽어 보세요.

제 친구 에릭은 미국에서 왔습니다. 지금 한국외국어대학교에 다닙니다. 에릭은 아주 재미있습니다. 그리고 친절합니다. 에릭은 작년부터 한국어를 배웠습니다. 한국어를 아주 잘합니다. 그리고 일본어도 잘합니다.

우리는 모두 운동을 좋아합니다. 그래서 일주일에 두 번쯤 같이 농구를 합니다. 저는 농구를 잘 못합니다. 하지만 에릭은 농구를 아주 잘합니다. 중학교 때 농구 선수였습니다.

에릭은 요리도 잘합니다. 지난주에는 피자를 만들었습니다. 아주 맛있었습니다.

N에서 오다 | 모두 | 일주일 | N 번 | N 때 | 지난주

3. 윗글을 읽고 맞으면 O, 틀리면 X 하세요.

❶ 에릭은 지금 미국에 있습니다. 

❷ 에릭은 중학교 때 농구를 했습니다. 

❸ 에릭과 이 사람은 같이 운동을 합니다. 

❹ 에릭은 한국어와 일본어를 잘 못합니다. 

❺ 에릭은 지난주에 한국 음식을 만들었습니다. 

4. 여러분 친구는 무엇을 잘합니까? 여러분과 무엇이 다릅니까?

질문	대답
그 친구가 어떻습니까?	
무엇을 잘합니까?	
나와 친구는 무엇이 다릅니까?	

여러분의 친구를 소개하세요.

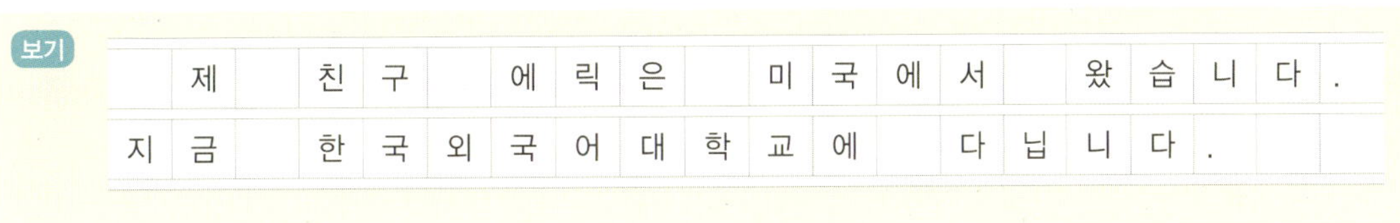
보기

제 친구 에릭은 미국에서 왔습니다. 지금 한국외국어대학교에 다닙니다.

악기

N을/를 치다

피아노

기타

드럼

N을/를 불다

플루트

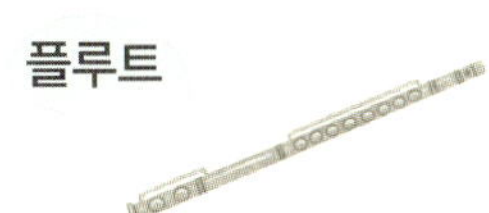

색소폰

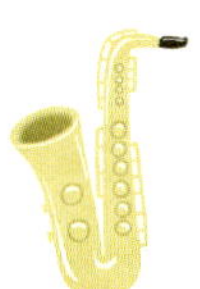

트럼펫

N을/를 켜다

바이올린

첼로

동작동사(AV) 3

AV 1 p. 133　AV 2 p. 145

N을/를 하다

야구

축구

농구

배구

수영

태권도

요가

달리기

N을/를 치다

테니스

배드민턴

탁구

볼링

골프

당구

N을/를 타다

스키

스케이트

자전거

오토바이

14

오늘 무엇을 해요?

학습목표

말해봅시다	오늘 계획
알아봅시다	1 V아/어/여요 2 못 AV(II) / AV지 못하다
연습해봅시다	
듣고 말해봅시다	약속
읽고 써봅시다	나의 일주일

1 이 사람들은 무엇을 합니까?

2 여러분은 오늘 무엇을 합니까?

말해봅시다

44

팅 팅: 준이치 씨, 오늘 무엇을 해요? 오늘도 농구를 해요?

준이치: 아니요, 오늘은 친구가 바빠요. 그래서 농구를 못 해요.

팅 팅: 그럼, 저하고 같이 영화를 봐요. 어때요?

준이치: 좋아요. 그런데 어디에서 영화를 봐요?

팅 팅: 종로에서 봐요.

준이치: 그래요. 그럼, 이따가 여섯 시에 종로에서 만나요.

발음

- 좋아요[조아요]
- 종로[종노]

대화 연습

내용을 바꿔서 친구와 이야기해 보세요.

1 수영장에 가다/ 공부를 하다

2 테니스를 치다/ 연극을 보다

3 자전거를 타다/ 뮤지컬을 보다

친구에게 전화를 해 보세요.

어휘 및 표현

- **그런데** | 옷이 아주 예뻐요. 그런데 그 옷을 어디에서 샀어요?
- **이따가** | 지금은 시간이 없어요. 이따가 다시 이야기해요.

알아봅시다

1 V아/어/여요

Informal endings 'V아/어/여요' is used for polite informal situations.

	V	V아/어/여요			V았/었/였어요		
어간의 마지막 모음이 **'ㅏ, ㅗ'인 경우**	많다		+ -아요	많아요		+ -았어요	많았어요
	좋다			좋아요			좋았어요
	닫다			닫아요			닫았어요
	자다			자요			잤어요
	보다			봐요			봤어요
어간의 마지막 모음이 **'ㅏ, ㅗ'가 아닌 경우**	먹다		+ -어요	먹어요		+ -었어요	먹었어요
	열다			열어요			열었어요
	입다			입어요			입었어요
	가르치다			가르쳐요			가르쳤어요
	주다			줘요			줬어요
어간의 마지막 단어가 **'하-'인 경우**	청소하다		+ -여요	청소해요		+ -였어요	청소했어요
	행복하다			행복해요			행복했어요
N이다	선생님이다	받침 ○	+ -이에요	선생님이에요	받침 ○	+ -이었어요	선생님이었어요
	요리사이다	받침 ×	+ -예요	요리사예요	받침 ×	+ -였어요	요리사였어요
• ㄷ → ㄹ	듣다		+ -어요	들어요		+ -었어요	들었어요
	걷다			걸어요			걸었어요
• ㅂ → 오/우	춥다		+ -어요	추워요		+ -었어요	추웠어요
	고맙다			고마워요			고마웠어요
	돕다		+ -아요	도와요		+ -았어요	도왔어요
• ㅡ	크다		+ -어요	커요		+ -었어요	컸어요
	바쁘다		+ -아요	바빠요		+ -았어요	바빴어요
	기쁘다		+ -어요	기뻐요		+ -었어요	기뻤어요
• 르 → 르 + ㄹ	빠르다		+ -아요	빨라요		+ -았어요	빨랐어요
	부르다		+ -어요	불러요		+ -었어요	불렀어요

가: 지금 뭘 **해요**?
나: 텔레비전을 **봐요**.

가: 무슨 운동을 **좋아해요**?
나: 저는 농구를 **좋아해요**.

가: 이 신발이 **어때요**?
나: 아주 **예뻐요**.

가: 언니도 학생**이에요**?
나: 아니요, 언니는 학생이 **아니에요**. 가수**예요**.

2 못 AV(Ⅱ) / AV지 못하다

'못' is attached to action verbs, which means it is not possible to do the action.

가: 한국에서도 피아노를 쳐요?
나: 아니요, 피아노가 없어요. 그래서 **못** 쳐요.

가: 어제 왜 영화를 **못** 봤어요?
나: 영화표가 없었어요. 그래서 **못** 봤어요.

가: 왜 파티에 안 가요?
나: 시험이 있어요. 그래서 가**지 못해요**.

가: 아침을 먹었어요?
나: 아니요. 늦게 일어났어요. 그래서 먹**지 못했어요**.

기본형	축약형
무엇	뭐
무엇이	뭐가
무엇을	뭘

기본형	축약형
이것 / 그것 / 저것	이거 / 그거 / 저거
이것이 / 그것이 / 저것이	이게 / 그게 / 저게
이것은 / 그것은 / 저것은	이건 / 그건 / 저건
이것을 / 그것을 / 저것을	이걸 / 그걸 / 저걸

연습해봅시다

V아/어/여요

1. 보기 와 같이 대화를 만들어 보세요.

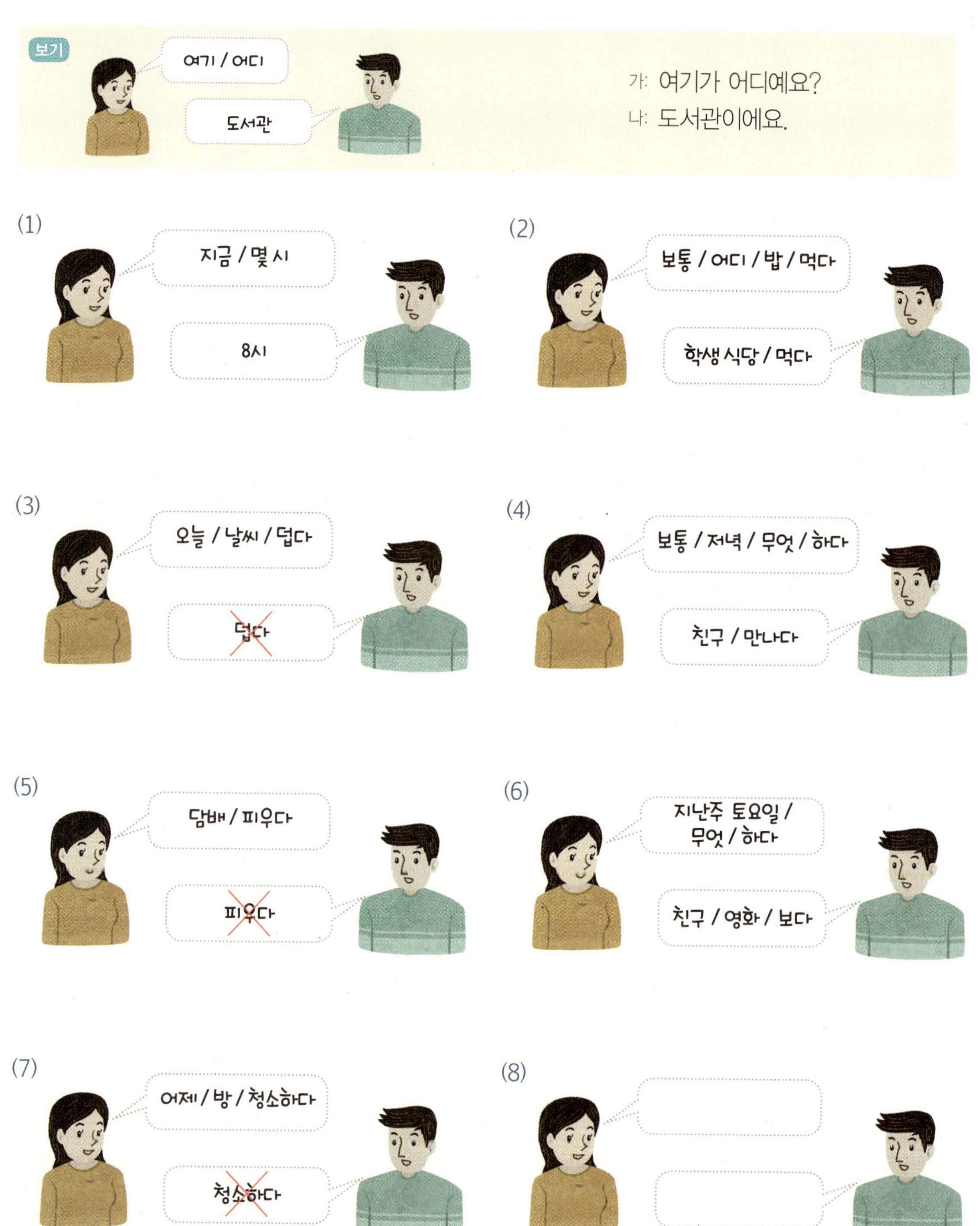

2. 주말에 공원에서 친구들이 무엇을 합니까? 배운 문형을 사용해서 친구와 이야기해 보세요.

보기

가: 이 사람은 누구예요?
나: 자르갈이에요.
가: 자르갈 씨가 무엇을 해요?
나: 자전거를 타요.

못 AV(Ⅱ) / AV지 못하다

3. 보기와 같이 대화를 만들어 보세요.

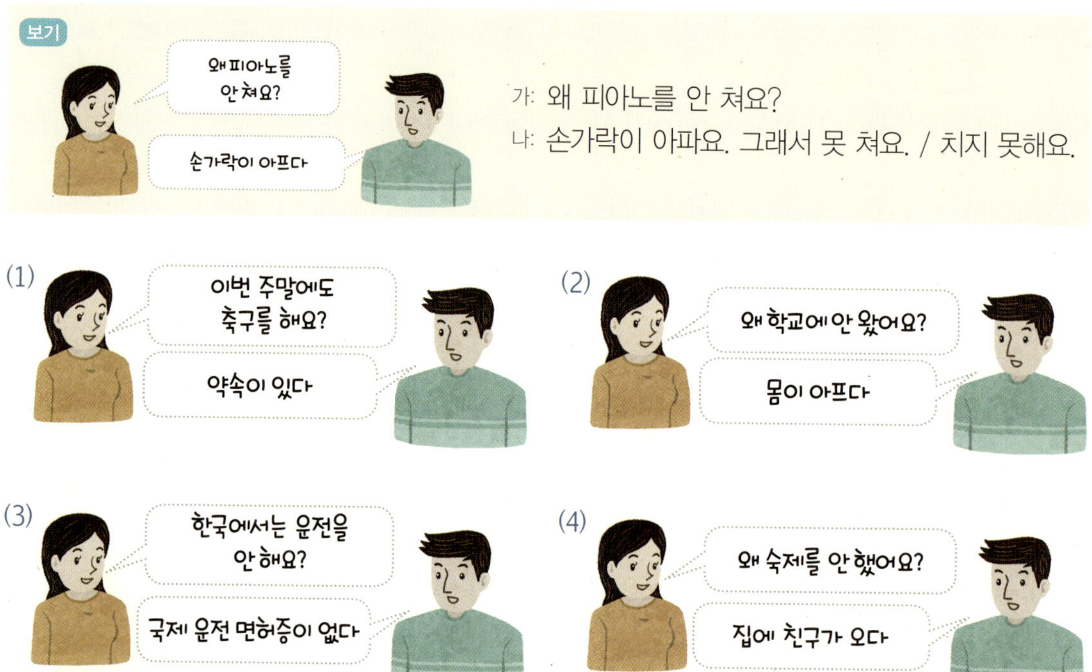

듣고 말해봅시다

1. 여러분은 보통 주말에 무엇을 합니까?

2. 들을 때 메모하세요.

언제 ______

어디 ______

얼마 ______

3. 대화의 내용과 같은 것을 고르세요.

❶ 여자는 일요일에 시간이 있습니다.
❷ 두 사람은 토요일 1시에 만납니다.
❸ 남자는 주말에 아르바이트를 합니다.
❹ 두 사람은 토요일에 미술관에 갑니다.

4. 들은 내용을 써 보세요.

자르갈: ____ 에 시간이 ________?

지　영: 토요일에는 아르바이트를 해요. 그래서 ________.

하지만 일요일은 ________.

자르갈: 그럼, 우리 일요일에 만나요. 미술관 구경이 ______?

지　영: 네, 좋아요. 그런데 미술관 표는 ______?

자르갈: __________. 만 원쯤 해요.

지　영: 그럼, 우리 몇 시에 만나요?

자르갈: 한 시가 어때요?

지　영: 좋아요. 그때 만나요.

아르바이트	미술관	표	그럼(= 그러면)

4. 친구와 약속을 해 보세요.

언제	
어디	
무엇	

읽고 써봅시다

1. 친구와 같이 이야기해 보세요.

여러분은 요즘 생활이 어떻습니까? 시간을 어떻게 보냅니까?

2. 다음은 준이치 씨의 이야기입니다. 잘 읽어 보세요.

저는 월요일부터 금요일까지 오전에 한국어 수업이 있습니다. 우리 집은 학교에서 가깝지 않습니다. 그래서 조금 일찍 일어납니다. 아침에는 시간이 없습니다. 그래서 보통 아침밥을 못 먹습니다. 커피만 마십니다. 한국어 수업은 9시부터 1시까지입니다. 그래서 8시 50쯤 학교에 도착합니다. 오후에는 학생 식당에서 점심을 먹습니다. 그리고 도서관에서 혼자 공부를 합니다. 저녁에는 친구와 함께 운동을 합니다. 하지만 지금은 감기에 걸렸습니다. 그래서 운동을 하지 못합니다. 밤에는 집에서 게임을 합니다. 가끔 한국 드라마도 봅니다. 그리고 10시 반쯤 잠을 잡니다.

주말 아침에는 보통 집에 있습니다. 집에서 청소와 빨래를 합니다. 그리고 음악도 듣습니다. 낮에는 한국 친구와 같이 서울 구경을 합니다. 그리고 가끔 영화도 봅니다. 저녁 7시쯤 집에 돌아갑니다. 주말 저녁에는 집에서 책을 읽습니다. 그리고 한국어 공부를 합니다. 보통 11시쯤 잠을 잡니다.

저의 일주일은 조금 피곤합니다. 하지만 생활이 즐겁습니다.

N만　N에 도착하다　N와/과 함께　감기에 걸리다　게임을 하다　N에 돌아가다　즐겁다

3. 윗글을 읽고 맞으면 O, 틀리면 X 하세요.

❶ 준이치는 월요일 아침에 일찍 일어납니다. O X

❷ 준이치는 수요일 오전에 한국어를 공부합니다. O X

❸ 준이치는 주말에 집에서 청소와 빨래를 합니다. O X

❹ 준이치는 이번 주에 친구와 같이 운동을 합니다. O X

❺ 준이치는 토요일에 학생 식당에서 점심을 먹습니다. O X

4. 여러분은 일주일을 어떻게 보냅니까?

	질문	대답
월요일 ~ 금요일	무엇을 합니까?	
	어디에 갑니까?	
	누구를 만납니까?	
주말	무엇을 합니까?	
	어디에 갑니까?	
	누구를 만납니까?	

여러분의 지난 주말 이야기를 쓰세요.

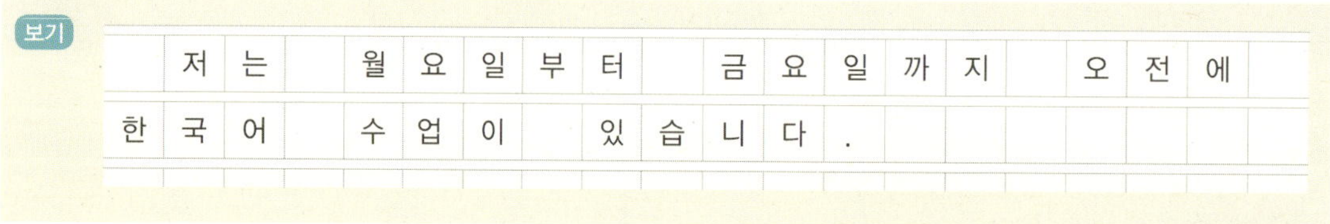

15

내일 무엇을 할 거예요?

학습목표

말해봅시다	내일 계획
알아봅시다	1 AV(으)러 가다/오다/다니다 2 AV(으)ㄹ 것이다(I)
연습해봅시다	
듣고 말해봅시다	주말 계획
읽고 써봅시다	배우고 싶은 것

1 이 사람들은 무엇을 배웁니까?

2 여러분은 요즘 무엇을 배웁니까?

말해봅시다

팅팅: 상우 씨, 내일 무엇을 할 거예요?

상우: 운동을 하러 태권도장에 갈 거예요.

팅팅: 요즘 태권도를 배워요?

상우: 네, 동아리 선배한테서 태권도를 배워요.

팅팅: 그래요? 태권도를 얼마나 배웠어요?

상우: 한 세 달쯤 배웠어요.

발음

- 할 거예요[할꺼예요]
- 태권도[태꿘도]

대화 연습

내용을 바꿔서 친구와 이야기해 보세요.

1 수영을 하러 수영장에 가다/ 형/ 한 달

2 피아노를 배우러 가다/ 학교 선배/ 두 달

3 한국 요리를 배우러 가다/ 한국 친구/ 일주일

여러분은 요즘 무엇을 배웁니까?

친구와 이야기해 보세요.

어휘 및 표현

- **동아리** | 학교 기타 동아리에서 기타를 배워요.
- **선배** | 저는 대학교 1학년이에요. 선배는 대학교 4학년이에요.
- **얼마나** | 한국에서 얼마나 살았어요?
- **한 N쯤** | 내일 한 두 시쯤 만나요.

알아봅시다

1 AV(으)러 가다/오다/다니다

When 'AV(으)러' is attached to an action verb it indicates the reason for movement. It is used together with verbs like '가다, 오다, 다니다'.

가: 어디에 가요?
나: 은행에 돈을 **찾으러 가요**.

가: 요즘 뭘 **배우러 다녀요**?
나: 한국 요리를 **배우러 다녀요**.

가: 한국에 왜 왔어요?
나: 한국어를 **공부하러 왔어요**.

가: 토요일에 뭘 해요?
나: 부산에 **놀러 가요**.

받침 ○	AV으러 가다/오다/다니다	먹으러 가다
받침 ×	AV러 가다/오다/다니다	공부하러 가다
받침 ㄹ		만들러 가다

• 듣다 → 들으러 가다

N(사람)한테 N(사람)에게	N을/를	주다 보내다 쓰다 가르치다 말하다

N(사람)한테서 N(사람)에게서	N을/를	받다 배우다 듣다

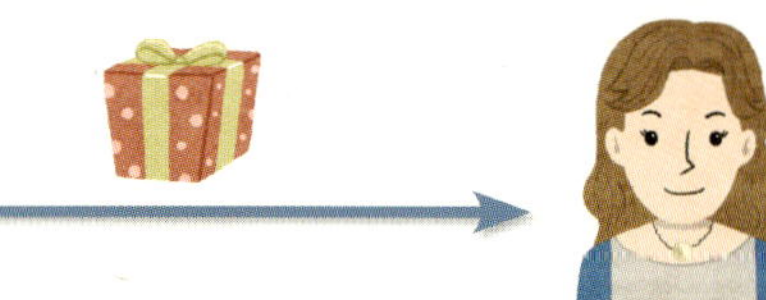

준이치가 지영**한테** 선물을 **줍니다**.

가: 누구한테서 수영을 배워요?
나: 형한테서 배워요.

지영은 준이치**한테서** 선물을 **받습니다**.

가: 그 선물은 누구한테서 받았어요?
나: 한국 친구가 줬어요.

2 AV(으)ㄹ 것이다

'AV(으)ㄹ 것이다' is attached to the action verb, which indicates a speaker's strong will, thought, or plan for doing something in the future.
As a deferential style, '–(으)ㄹ 겁니다' is used as a contracted form of '–(으)ㄹ 것입니다'. In the polite informal style, '–(으)ㄹ 거예요' is used as a contracted form of '–(으)ㄹ 것이에요.'

		비격식체	격식체
받침 ㅇ	AV을 것이다	먹을 거예요	먹을 겁니다
받침 ×	AVㄹ 것이다	갈 거예요	갈 겁니다
받침 ㄹ		만들 거예요	만들 겁니다

• 듣다 → 들을 거예요/들을 겁니다

가: 무엇을 **먹을 겁니까**?
나: 비빔밥을 **먹을 겁니다**.

가: 파티 때 무슨 옷을 **입을 거예요**?
나: 이 치마를 **입을 거예요**.

가: 주말에 뭐 **할 거예요**?
나: 집에서 **쉴 거예요**.

가: 거기에 누가 **갈 거예요**?
나: 제가 **갈 거예요**.

가: 이따가 무슨 음식을 **만들 거예요**?
나: 김밥을 **만들 거예요**.

가: 음악을 **들을 거예요**?
나: 아니요, 안 **들을 거예요**.

연습해봅시다

AV(으)러 가다/오다/다니다

1. 보기 와 같이 대화를 만들어 보세요.

AV(으)ㄹ 것이다

2. 보기 와 같이 문장을 만들어 보세요.

듣고 말해봅시다

1. 이 사람들은 무엇을 합니까? 여러분은 주말에 시간을 어떻게 보냅니까?

2. 들을 때 메모하세요.

토요일

일요일

3. 대화의 내용과 같은 것을 고르세요.

❶ 이 사람은 공원에서 춤을 배웁니다.
❷ 이 사람은 춤 연습이 힘들지 않습니다.
❸ 이 사람은 일요일에 한국 친구를 만날 겁니다.
❹ 이 사람은 토요일 저녁에 동대문에 갈 겁니다.

4. 들은 내용을 써 보세요.

팅팅: 저는 주말에 시간이 많아요. 보통 주말 아침에는 공원에 ______________.

그래서 이번 주 토요일에도 공원에 ______________.

한 시간쯤 ______________.

그리고 저녁에는 춤을 ______________.

요즘 토요일에 항상 춤을 ______________.

춤 동아리 선배 ________ 배워요. 춤 연습이 조금 힘들어요. 하지만 재미있어요.

그리고 일요일에는 한국 친구와 동대문에 ______________.

거기에서 옷을 ______________.

걷다　　연습　　힘들다

5. 여러분은 이번 주말에 무엇을 할 겁니까?

질문	대답
이번 주말에 무엇을 할 겁니까?	
어디에 갈 겁니까?	
누구를 만날 겁니까?	

읽고 써봅시다

1. 친구와 같이 이야기해 보세요.

한국에서 무엇을 배울 겁니까?
왜 그것을 배울 겁니까?

2. 다음은 흐엉 씨의 이야기입니다.

가야금은 한국 악기입니다. 소리가 아주 아름답습니다. 저는 베트남에서 가야금을 처음 배웠습니다. 한국 친구에게서 배웠습니다. 그 친구는 베트남에 일하러 왔습니다. 저는 그 친구에게 베트남어를 가르쳤습니다.

저는 가야금을 아주 좋아합니다. 그래서 한국에서도 가야금 동아리에 가야금을 배우러 다닙니다. 다음 달에는 동아리 연주회가 있습니다. 친구들도 제 연주를 들으러 많이 올 겁니다. 그래서 요즘 더 열심히 연습합니다.

저는 내년에 한국 대학에서 가야금을 배울 겁니다. 그리고 나중에 베트남 사람들에게 가야금을 가르칠 겁니다.

소리 아름답다 처음 연주 열심히 내년 나중에

3. 윗글을 읽고 맞으면 O, 틀리면 X 하세요.

❶ 이 사람은 다음 달에 가야금을 배울 겁니다. 

❷ 이 사람은 베트남에서 가야금을 처음 배웠습니다. 

❸ 이 사람은 베트남 친구와 가야금을 연습할 겁니다. 

❹ 이 사람은 가야금 동아리에서 가야금을 연주합니다. O X

❺ 이 사람은 한국 친구에게 베트남어를 가르쳤습니다. O X

4. 여러분은 무엇을 배울 겁니까? 어디에서 배울 겁니까?

질문	대답
무엇을 배울 겁니까?	
어디에서 배울 겁니까?	
왜 배울 겁니까?	

여러분의 이야기를 쓰세요.

보기

	저	는		한	국	에	서		장	구	를		배	울		겁	니	다	.
대	학	교		장	구		동	아	리	에	서		배	울		겁	니	다	.

한국에서 무엇을 배웁니까?

사물놀이

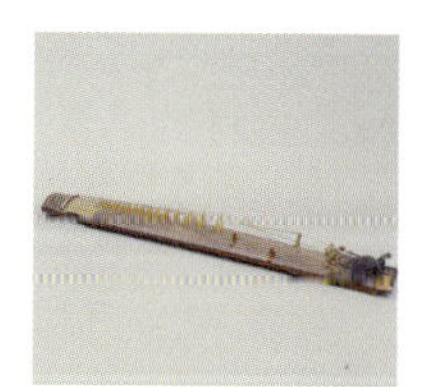
거문고

해금

대금

서예

한국화

도자기

한지 공예

부 록

듣기 지문

모범 답안

듣기 지문

1과

다음을 듣고 따라 읽으세요. p.16 Track 01

아	아이	으	어이
어	아우	이	우아
오	오이	애	우애
우	에이	에	이오

다음을 듣고 표시(✓)하세요. p.17 Track 02

1. 오 2. 우 3. 으 4. 어 5. 우
6. 이 7. 애 8. 어이 9. 우아

다음을 듣고 따라 읽으세요. p.20 Track 04

거기	바지	머리	부자	나무
마리	사자	나라	어머니	다리
구두	드라마	러시아	모두	가수
마시다	지우개	지도	주소	라디오
노래	두부	고모	사이	고기

다음을 듣고 표시(✓)하세요. p.20 Track 05

1. 사 2. 나 3. 모 4. 부 5. 두자
6. 고로 7. 지도 8. 거기

2과

다음을 듣고 따라 읽으세요. p.25 Track 07

코	키	카드	쿠키	호수
카메라	타투	터키	토마토	허리
초	치즈	치마	기차	피
파리	파티	포도	피아노	차
초코	커피	코피	파	하

다음을 듣고 표시(✓)하세요. p.25 Track 08

1. 코 2. 타 3. 오 4. 푸 5. 조
6. 보도 7. 기차 8. 하니 9. 바리

다음을 듣고 따라 읽으세요. p.31 Track 10

야구	여자	요리	유리	의사
얘기	예	외대	회사	의자
교회	돼지	샤워	지워요	스웨터
가위	위	왜	웨이터	여우
사과	화가	우유	가요	귀

다음을 듣고 표시(✓)하세요. p.31 Track 11

1. 유 2. 의사 3. 워 4. 여자 5. 요리
6. 겨자 7. 외대 8. 와이 9. 야구

3과

다음을 듣고 따라 읽으세요. p.37 Track 14

까치	꼬리	코끼리	찌개	토끼
또	따다	빼기	가짜	싸다
뽀뽀	아빠	뜨다	짜다	뼈
나쁘다	쓰다	아저씨	비싸다	뿌리
찌다	빠르다	까마귀	씨	허리띠

다음을 듣고 표시(✓)하세요. p.37 Track 15

1. 싸다 2. 가짜 3. 부리 4. 토끼 5. 빠르다
6. 꼬 7. 다 8. 퍼 9. 지

4과

다음을 듣고 따라 읽으세요. p.42 Track 17

곰	몸	밤	사람	엄마
눈	돈	문	산	손
달	물	별	서울	딸기
공	방	사랑	고양이	강아지
바람	사전	칠판	운동	창문

다음을 듣고 표시(✓)하세요. p.42 Track 18

1. 긴 2. 말 3. 공 4. 삼 5. 발
6. 돈 7. 싱싱 8. 봄봄 9. 실비

다음을 듣고 따라 읽으세요. p.46 Track 20

책	빗	밥	장갑	쉽다
부엌	있다	앞	씻다	낚시
밖	낮	벽	집	학생
듣다	꽃	걷다	옆	약
끝	수박	빛	젓가락	숲

다음을 듣고 표시(✓)하세요. p.46 Track 21

1. 꽃 2. 옥 3. 밥 4. 징 5. 앗
6. 말 7. 김 8. 발 9. 팍팍

5과

듣고 말해봅시다 p.56 Track 27

세 실: 안녕하세요?
김영진: 네, 안녕하세요?
세 실: 만나서 반갑습니다.
김영진: 네, 만나서 반갑습니다.
세 실: 저는 세실입니다. 학생입니다.
김영진: 저는 김영진입니다.
세 실: 김영진 씨는 학생입니까?
김영진: 아니요, 저는 선생님입니다.

6과

듣고 말해봅시다 p.68 Track 29

준이치: 안녕하세요? 준이치입니다.
팅 팅: 네, 안녕하세요? 팅팅입니다.
준이치: 팅팅 씨는 어느 나라 사람입니까?
팅 팅: 저는 중국 사람입니다.
준이치: 팅팅 씨는 몇 살입니까?
팅 팅: 스물네 살입니다.
준이치: 팅팅 씨는 회사원입니까?
팅 팅: 아니요, 저는 회사원이 아닙니다. 학생입니다.

7과

듣고 말해봅시다 p.80 Track 31

세 실: 이것이 한국 음식입니까?
김영진: 네, 이것은 한국 음식입니다.
세 실: 무슨 음식입니까?
김영진: 비빔밥입니다.
세 실: 이것도 한국 음식입니까?
김영진: 네, 이것은 칼국수입니다.
세 실: 불고기도 있습니까?
김영진: 아니요, 불고기는 없습니다.

8과

듣고 말해봅시다 p.92 Track 33

이 사람은 제 오빠입니다. 제 오빠는 가수입니다. 오빠는 아주 멋있습니다. 그리고 키가 큽니다. 저는 오빠 노래가 좋습니다. 그리고 오빠 춤은 재미있습니다. 오빠는 아내가 있습니다. 아내가 예쁩니다. 저는 오빠가 좋습니다.

9과

듣고 말해봅시다 p.104 Track 35

팅 팅: 실례합니다. 도서관이 어디에 있습니까?
아저씨: 도서관은 학생 식당하고 기숙사 사이에 있습니다.
팅 팅: 죄송합니다. 학생 식당이 어디입니까?
아저씨: 저 건물이 학생 식당입니다.
도서관은 학생 식당 왼쪽에 있습니다.
팅 팅: 학교 도서관이 큽니까?
아저씨: 네, 그리고 여러 가지 책이 많습니다.
팅 팅: 감사합니다.
아저씨: 아닙니다.

10과

듣고 말해봅시다 p.116 Track 37

에 릭: 선생님, 1급 시험이 언제입니까?
권효진: 8월 13일입니다.
에 릭: 무슨 요일입니까?
권효진: 목요일입니다.
아! 그리고 금요일도 시험이 있습니다.
에 릭: 시험 장소가 어디입니까?
권효진: 본관 4층 433호입니다.
에 릭: 선생님, 시험이 어렵습니까?
권효진: 아니요, 쉽습니다.

11과

듣고 말해봅시다 p.128 Track 39

자르갈: 내일 어디에 갑니까?
팅 팅: 남산에 갑니다.
자르갈: 남산에 혼자 갑니까?
팅 팅: 아니요, 고향 친구하고 같이 갑니다.
자르갈: 남산에서 무엇을 합니까?
팅 팅: 서울타워를 구경합니다.
그리고 커피를 마십니다.
자르갈: 남산이 멉니까?
팅 팅: 아니요, 가깝습니다.

12과

듣고 말해봅시다 p.140 Track 41

팅 팅: 준이치 씨는 보통 저녁에 무엇을 합니까?
준이치: 저는 저녁에 운동을 합니다.
팅 팅: 운동을 몇 시간 합니까?
준이치: 한 시간 반 합니다.
팅 팅: 매일 운동을 합니까?
준이치: 아니요, 주말에는 안 합니다.
팅팅 씨는 보통 저녁에 무엇을 합니까?
팅 팅: 저는 보통 한국 친구를 만납니다.
준이치: 그럼, 오늘도 한국 친구를 만납니까?
팅 팅: 아니요, 오늘은 친구를 만나지 않습니다.
일이 많습니다.

13과

듣고 말해봅시다 p.153 Track 43

세실: 상우 씨는 무슨 운동을 잘합니까?
상우: 저는 태권도를 잘합니다.
세실: 언제부터 태권도를 배웠습니까?
상우: 작년부터 배웠습니다. 세실 씨도 태권도를 합니까?
세실: 아니요, 저는 태권도를 못합니다.
상우: 그러면, 무슨 운동을 잘합니까?
세실: 저는 스케이트를 잘 탑니다.
어제도 스케이트를 탔습니다.

14과

듣고 말해봅시다 p.165 Track 45

자르갈: 주말에 시간이 있어요?
지 영: 토요일에는 아르바이트를 해요.
그래서 못 만나요. 하지만 일요일은 괜찮아요.
자르갈: 그럼 우리 일요일에 만나요. 미술관 구경이 어때요?
지 영: 네, 좋아요. 그런데 미술관 표는 얼마예요?
자르갈: 비싸지 않아요. 만 원쯤 해요.
지 영: 그럼, 우리 몇 시에 만나요?
자르갈: 한 시가 어때요?
지 영: 좋아요. 그때 만나요.

15과

듣고 말해봅시다 p.176 Track 47

팅 팅: 저는 주말에 시간이 많아요. 보통 주말 아침에는 공원에 산책을 하러 가요. 그래서 이번 주 토요일에도 공원에 갈 거예요. 한 시간쯤 걸을 거예요. 그리고 저녁에는 춤을 배우러 갈 거예요. 요즘 토요일에 항상 춤을 배우러 다녀요. 춤 동아리 선배한테서 배워요. 춤 연습이 조금 힘들어요. 하지만 재미있어요. 그리고 일요일에는 한국 친구와 동대문에 갈 거예요. 거기에서 옷을 살 거예요.

모범 답안

1과

다음을 듣고 표시(✓)하세요.

1. 오 2. 우 3. 으 4. 어 5. 우
6. 이 7. 애 8. 어이 9. 우아

다음을 듣고 표시(✓)하세요.

1. 사 2. 나 3. 모 4. 부 5. 두자
6. 고로 7. 지도 8. 거기

2과

다음을 듣고 표시(✓)하세요.

1. 코 2. 타 3. 오 4. 푸 5. 조
6. 보도 7. 기차 8. 하니 9. 바리

다음을 듣고 표시(✓)하세요.

1. 유 2. 의사 3. 워 4. 여자 5. 요리
6. 겨자 7. 외대 8. 와이 9. 야구

3과

다음을 듣고 표시(✓)하세요.

1. 싸다 2. 가짜 3. 부리 4. 토끼 5. 빠르다
6. 꼬 7. 다 8. 퍼 9. 지

4과

다음을 듣고 표시(✓)하세요.

1. 긴 2. 말 3. 공 4. 삼 5. 발
6. 돈 7. 싱싱 8. 봄봄 9. 실비

다음을 듣고 표시(✓)하세요.

1. 꽃 2. 옥 3. 밥 4. 징 5. 앗
6. 말 7. 김 8. 밭 9. 팍팍

5과

연습해봅시다

1. (1) 가: 주우남입니까?
   나: 네, 주우남입니다.
   (2) 가: 준이치입니까?
   나: 네, 준이치입니다.
   (3) 가: 세실입니까?
   나: 아니요, 남문입니다.
   (4) 가: 흐엉입니까?
   나: 아니요, 닐루입니다.

2. (1) 지영은 대학생입니다.
   (2) 왕펑은 가수입니다.
   (3) 유리는 회사원입니다.
   (4) 카샤는 요리사입니다.

듣고 말해봅시다

3. 세실: **안녕**하세요?
   김영진: 네, **안녕**하세요?
   세실: **만나서** 반갑습니다.
   김영진: 네, **만나서** 반갑습니다.
   세실: 저는 세실**입니다.** 학생입니다.
   김영진: 저는 김영진**입니다.**
   세실: 김영진 씨는 **학생**입니까?
   김영진: 아니요, 저는 **선생님**입니다.

읽고 써봅시다

3. (1) X (2) X (3) O (4) O

6과

연습해봅시다

1. (1) 가: 한국 사람입니까?
   나: 아니요, 저는 한국 사람이 아닙니다.
   중국 사람입니다.
   (2) 가: 영국 사람입니까?
   나: 아니요, 저는 영국 사람이 아닙니다.
   호주 사람입니다.
   (3) 가: 태국 사람입니까?
   나: 아니요, 저는 태국 사람이 아닙니다.
   베트남 사람입니다.
   (4) 가: 학생입니까?
   나: 아니요, 저는 학생이 아닙니다. 회사원입니다.
   (5) 가: 배우입니까?
   나: 아니요, 저는 배우가 아닙니다. 가수입니다.

2. (1) 가: 몇 살입니까?
나: 열아홉 살입니다.
(2) 가: 요리사가 몇 명입니까?
나: 두 명입니다.
(3) 가: 토끼가 몇 마리입니까?
나: 세 마리입니다.
(4) 가: 지우개가 몇 개입니까?
나: 네 개입니다.
(5) 가: 사과가 몇 개입니까?
나: 한 개입니다.

듣고 말해봅시다

3. 준이치: 안녕하세요? 준이치입니다.
팅팅: 네, 안녕하세요? 팅팅입니다.
준이치: 팅팅 씨는 **어느 나라 사람**입니까?
팅팅: 저는 **중국 사람**입니다.
준이치: 팅팅 씨는 **몇 살**입니까?
팅팅: **스물네 살**입니다.
준이치: 팅팅 씨는 **회사원**입니까?
팅팅: 아니요, 저는 회사원**이 아닙니다.**
학생입니다.

읽고 써봅시다

3. (1) O (2) O (3) O (4) X (5) X

7과

연습해봅시다

1. ② 가: 텔레비전이 있습니까?
나: 아니요, 없습니다.
③ 가: 연필이 있습니까?
나: 네, 있습니다.
④ 가: 에어컨이 있습니까?
나: 아니요, 없습니다.
⑤ 가: 휴대폰이 있습니까?
나: 네, 있습니다.
⑥ 가: 컴퓨터가 있습니까?
나: 아니요, 없습니다.
⑦ 가: 교통카드가 있습니까?
나: 네, 있습니다.
⑧ 가: 지우개가 있습니까?
나: 네, 있습니다.
⑨ 가: 지갑이 있습니까?
나: 네, 있습니다.
⑩ 가: 휴지가 있습니까?
나: 네, 있습니다.
⑪ 가: 필통이 있습니까?
나: 네, 있습니다.
⑫ 가: 시계가 있습니까?
나: 아니요, 없습니다.
⑬ 가: 돈이 있습니까?
나: 아니요, 없습니다.
⑭ 가: 달력이 있습니까?
나: 네, 있습니다.
⑮ 가: 가방이 있습니까?
나: 네, 있습니다.
⑯ 가: 선풍기가 있습니까?
나: 아니요, 없습니다.
⑰ 가: 칫솔이 있습니까?
나: 네, 있습니다.
⑱ 가: 비누가 있습니까?
나: 아니요, 없습니다.
⑲ 가: 치약이 있습니까?
나: 네, 있습니다.
⑳ 가: 수건이 있습니까?
나: 네, 있습니다.

2. 가: 무슨 야채가 있습니까?
나: 버섯이 있습니다. / 오이가 있습니다. /
당근이 있습니다. / 양파가 있습니다.
가: 무슨 과일이 있습니까?
나: 딸기가 있습니다. / 바나나가 있습니다. /
수박이 있습니다. / 포도가 있습니다.

듣고 말해봅시다

2.

한국 음식	비빔밥	칼국수	불고기
있습니까? (ㅇ, ×)	ㅇ	ㅇ	×

3. 세실: **이것이** 한국 음식입니까?
김영진: 네, **이것은** 한국 음식입니다.
세실: **무슨** 음식입니까?
김영진: **비빔밥**입니다.
세실: 이것도 **한국** 음식입니까?
김영진: 네, 이것은 칼국수입니다.
세실: 불고기도 있습니까?
김영진: 아니요, 불고기는 **없습니다.**

읽고 써봅시다

3.

책상	의자	칠판	에어컨	텔레비전	지도
ㅇ	ㅇ	ㅇ	ㅇ	ㅇ	ㅇ

공책	연필	볼펜	필통	휴대폰	가방
○	○	×	○	○	○

8과

연습해봅시다

1. (1) 가: 이 사람이 누구입니까?
   나: (ⓘ이 / 그 / 저) 사람은 제 오빠입니다.
   (2) 가: 그 사람이 어떻습니까?
   나: (이 / ⓖ그 / 저) 사람은 예쁩니다.
   (3) 가: 무슨 동물입니까?
   나: (이 / 그 / ⓙ저) 동물은 고양이입니다.
   (4) 가: 그 음식이 어떻습니까?
   나: (이 / ⓖ그 / 저) 음식은 맛있습니다.

2. (2) 가: 오이하고 당근 중에서 어느 것(야채)이 더 좋습니까?
   나: 오이가 더 좋습니다. / 당근이 더 좋습니다.
   (3) 가: 딸기하고 포도 중에서 어느 것(과일)이 더 맛있습니까?
   나: 딸기가 더 맛있습니다. / 포도가 더 맛있습니다.
   (4) 가: 드라마하고 영화 중에서 어느 것이 더 재미있습니까?
   나: 드라마가 더 재미있습니다. / 영화가 더 재미있습니다.

듣고 말해봅시다

3. **이 사람**은 **제** 오빠입니다.
   제 오빠는 **가수**입니다. 오빠는 아주 **멋있습니다.**
   그리고 키가 **큽니다.**
   저는 오빠 노래가 **좋습니다.**
   그리고 오빠 춤은 재미있습니다.
   오빠는 이니가 있습니다. 이니가 **예쁩니다.**
   저는 오빠가 **좋습니다.**

읽고 써봅시다

3. (1) X (2) X (3) O (4) X (5) O

9과

연습해봅시다

1. 가: 나무가 어디에 있습니까?
   나: 사무실 밖에 있습니다.
   가: 컴퓨터가 어디에 있습니까?
   나: 책상 위에 있습니다.
   가: 쓰레기통이 어디에 있습니까?
   나: 책상 옆에 있습니다.
   가: 컵이 어디에 있습니까?
   나: 책상 위에 있습니다.
   가: 시계가 어디에 있습니까?
   나: 은행에 있습니다.

듣고 말해봅시다

3. 팅팅: 실례합니다. 도서관이 **어디에** 있습니까?
   아저씨: 도서관은 학생 식당하고 기숙사 **사이에** 있습니다.
   팅팅: 죄송합니다. 학생 식당이 **어디입니까?**
   아저씨: 저 건물이 학생 식당입니다.
   도서관은 학생 식당 **왼쪽에** 있습니다.
   팅팅: 학교 도서관이 큽니까?
   아저씨: 네, 그리고 여러 가지 책이 **많습니다.**
   팅팅: 감사합니다.
   아저씨: 아닙니다.

읽고 써봅시다

3. (1) O (2) X (3) O (4) X (5) X

10과

연습해봅시다

1. (1) 여자가 많습니다.
   (2) 모자가 적습니다.
   (3) 가방이 큽니다.
   (4) 회사원이 바쁩니다.
   (5) 운동장이 넓습니다.

2. (1) 가: 날씨가 어떻습니까?
   나: 날씨가 춥습니다.
   (2) 가: 머리카락이 어떻습니까?
   나: 머리카락이 깁니다.
   (3) 가: 연필이 어떻습니까?
   나: 연필이 짧습니다.
   (4) 가: 방이 어떻습니까?
   나: 방이 깨끗합니다.
   (5) 가: 도서관이 어떻습니까?
   나: 도서관이 조용합니다.

듣고 말해봅시다

3. 에릭: 선생님, 1급 시험이 언제입니까?
   권효진: **8월 13일**입니다.
   에릭: 무슨 요일입니까?

권효진: **목요일**입니다.
　　　아! 그리고 **금요일**도 시험이 있습니다.
에릭: 시험 장소가 어디입니까?
권효진: 본관 **4층 433호**입니다.
에릭: 선생님, 시험이 **어렵습니까?**
권효진: 아니요, **쉽습니다.**

읽고 써봅시다

3. (1) O　(2) X　(3) O　(4) O　(5) X

11과

연습해봅시다

1. (1) 가: 어디에 갑니까?
　　나: 우체국에 갑니다.
　(2) 가: 집에 갑니까?
　　나: 아니요, 도서관에 갑니다.
　(3) 가: 어디에 다닙니까?
　　나: 외대에 다닙니다.
　(4) 가: 누가 한국에 옵니까?
　　나: 여동생이 한국에 옵니다.
　(5) 가: 어디에 갑니까?
　　나: 명동에 갑니다.

2. (1) 가: 어머니가 어디에서 무엇을 합니까?
　　나: 거실에서 커피를 마십니다.
　(2) 가: 아버지가 어디에서 무엇을 합니까?
　　나: 서재에서 책을 읽습니다.
　(3) 가: 여동생이 어디에서 무엇을 합니까?
　　나: 화장실에서 손을 씻습니다.
　(4) 가: 남동생이 어디에서 무엇을 합니까?
　　나: 방에서 음악을 듣습니다.
　(5) 가: 오빠가 어디에서 무엇을 합니까?
　　나: 방에서 컴퓨터를 합니다.

듣고 말해봅시다

3. ③

4. 자르갈: 내일 **어디에** 갑니까?
팅팅: 남산에 갑니다.
자르갈: 남산에 **혼자** 갑니까?
팅팅: 아니요, 고향 친구**하고 같이** 갑니다.
자르갈: 남산**에서 무엇을 합니까?**
팅팅: 서울타워를 구경합니다. 그리고 커피를 **마십니다.**
자르갈: 남산이 **멉니까?**
팅팅: 아니요, 가깝습니다.

읽고 써봅시다

3. (1) O　(2) X　(3) O　(4) O　(5) X

12과

연습해봅시다

1. (1) 가: 언제 수업이 끝납니까?
　　나: 열두 시에 수업이 끝납니다.
　(2) 가: 몇 시에 친구를 만납니까?
　　나: 세 시에 친구를 만납니다.
　(3) 가: 몇 시에 저녁을 먹습니까?
　　나: 여섯 시 반에 저녁을 먹습니다.
　(4) 가: 몇 시에 잠을 잡니까?
　　나: 열한 시에 잠을 잡니다.

2. (1) 가: 술을 마십니까?
　　나: 아니요, 안 마십니다. / 마시지 않습니다.
　(2) 가: 오늘 바쁩니까?
　　나: 아니요, 안 바쁩니다. / 바쁘지 않습니다.
　(3) 가: 주말에 일을 합니까?
　　나: 아니요, 주말에 일을 안 합니다. / 주말에 일을 하지 않습니다.
　(4) 가: 집에서 요리를 합니까?
　　나: 아니요, 집에서 요리를 안 합니다. / 집에서 요리를 하지 않습니다.

듣고 말해봅시다

3. ③

4. 팅팅: 준이치 씨는 보통 **저녁에** 무엇을 합니까?
준이치: 저는 저녁에 운동을 합니다.
팅팅: 운동을 몇 **시간** 합니까?
준이치: 한 시간 **반** 합니다.
팅팅: 매일 운동을 합니까?
준이치: 아니요, 주말에는 **안 합니다.**
　　　팅팅 씨는 보통 저녁에 무엇을 합니까?
팅팅: 저는 보통 한국 친구를 **만납니다.**
준이치: 그럼, 오늘도 한국 친구를 만납니까?
팅팅: 아니요, 오늘은 친구를 **만나지 않습니다.**
　　일이 많습니다.

읽고 써봅시다

3. (1) O　(2) O　(3) X　(4) O　(5) X

13과

연습해봅시다

1. (1) 가: 어제 몇 시에 잤습니까?
   나: 열두 시에 잠을 잤습니다.
   (2) 가: 언제 한국에 왔습니까?
   나: 작년에 한국에 왔습니다.
   (3) 가: 아침에 무엇을 먹었습니까?
   나: 빵을 먹었습니다.
   (4) 가: 지난주 토요일에 무엇을 했습니까?
   나: 청소를 했습니다.

2. 가: 자전거를 잘 탑니까?
   나: 아니요, 못 탑니다.
   가: 요리를 잘합니까?
   나: 아니요, 잘 못합니다.
   가: 춤을 잘 춥니까?
   나: 아니요, 잘 못 춥니다.
   가: 그림을 잘 그립니까?
   나: 네, 그림을 잘 그립니다.
   가: 사진을 잘 찍습니까?
   나: 네, 잘 찍습니다.
   가: 노래를 잘합니까?
   나: 네, 잘합니다.

듣고 말해봅시다

3. ②

4. 세실: 상우 씨는 무슨 운동을 **잘합니까?**
   상우: 저는 태권도를 잘합니다.
   세실: 언제부터 태권도를 **배웠습니까?**
   상우: **작년**부터 배웠습니다.
   세실 씨도 태권도를 합니까?
   세실: 아니요, 저는 태권도를 **못합니다.**
   상우: 그러면 무슨 운동을 잘합니까?
   세실: 저는 스케이트를 잘 **탑니다.**
   어제도 스케이트를 **탔습니다.**

읽고 써봅시다

3. (1) X (2) O (3) O (4) X (5) X

14과

연습해봅시다

1. (1) 가: 지금 몇 시예요?
   나: 여덟 시예요.
   (2) 가: 보통 어디에서 밥을 먹어요?
   나: 학생 식당에서 먹어요.
   (3) 가: 오늘 날씨가 더워요?
   나: 아니요, 덥지 않아요.
   (4) 가: 보통 저녁에 무엇을 해요?
   나: 친구를 만나요.
   (5) 가: 담배를 피워요?
   나: 아니요, 피우지 않아요.
   (6) 가: 지난주 토요일에 무엇을 했어요?
   나: 친구하고 영화를 봤어요.
   (7) 가: 어제 방을 청소했어요?
   나: 아니요, 청소하지 않았어요.

3. (1) 약속이 있어요. 그래서 축구를 못 해요. / 하지 못해요.
   (2) 몸이 아팠어요. 그래서 못 왔어요. / 오지 못했어요.
   (3) 국제 운전 면허증이 없어요. 그래서 운전을 못 해요. / 하지 못해요.
   (4) 집에 친구가 왔어요. 그래서 숙제를 못 했어요. / 하지 못했어요.

듣고 말해봅시다

3. ①

4. 자르갈: **주말**에 시간이 **있어요?**
   지영: 토요일에는 아르바이트를 해요.
   그래서 **못 만나요.** 하지만 일요일은 **괜찮아요.**
   자르갈: 그럼, 우리 일요일에 만나요.
   미술관 구경이 **어때요?**
   지영: 네, 좋아요. 그런데 미술관 표는 **얼마예요**?
   자르갈: **비싸지 않아요.** 만 원쯤 해요.
   지영: 그럼, 우리 몇 시에 만나요?
   자르갈: 한 시가 어때요?
   지영: 좋아요. 그때 만나요.

읽고 써봅시다

3. (1) O (2) O (3) O (4) X (5) X

15과

연습해봅시다

1. (1) 가: 편의점에 왜 가요?
   나: 우유를 사러 가요.
   (2) 가: 공원에 왜 가요?
   나: 자전거를 타러 가요.
   (3) 가: 명동에 왜 가요?
   나: 옷을 사러 가요.
   (4) 가: 은행에 왜 가요?
   나: 돈을 찾으러 가요.

2. (1) 오늘 저녁에 삼계탕을 먹을 거예요.
(2) 주말에 케이크를 만들 거예요.
(3) 나중에 부산에 놀러 갈 거예요.
(4) 이따가 음악을 들을 거예요.
(5) 이번 휴일에 제주도를 여행할 거예요.

듣고 말해봅시다

3. ③

4. 팅팅: 저는 주말에 시간이 많아요. 보통 주말 아침에는 공원에 **산책을 하러 가요**.
그래서 이번 주 토요일에도 공원에 **갈 거예요**.
한 시간쯤 **걸을 거예요**.
그리고 저녁에는 춤을 **배우러 갈 거예요**.
요즘 토요일에 항상 춤을 **배우러 다녀요**.
춤 동아리 선배**한테서** 배워요.
춤 연습이 조금 힘들어요. 하지만 재미있어요.
그리고 일요일에는 한국 친구와 동대문에 **갈 거예요**. 거기에서 옷을 **살 거예요**.

읽고 써봅시다

3. (1) X (2) O (3) X (4) O (5) O

집필진

김은정 한국외국어대학교 한국어문화교육원 강사
한국외국어대학교 국어학 박사

김효신 한국외국어대학교 한국어문화교육원 강사
한국외국어대학교 국어학 박사 수료

권 영 한국외국어대학교 한국어문화교육원 강사
한국외국어대학교 국어학 박사 수료

정유진 한국외국어대학교 한국어문화교육원 강사
한국외국어대학교 외국어로서의 한국어교육 석사

외국인을 위한
한국어 1-1

초판 1쇄 발행 2016년 3월 7일
3쇄 발행 2017년 3월 9일

지은이 한국외국어대학교 한국어문화교육원
펴낸이 박민우
기획팀 송인성, 김선명, 박종인
편집팀 박우진, 김영주, 김정아, 최미라
관리팀 임선희, 정철호, 김성언, 권주련
펴낸곳 (주)도서출판 하우

주소 서울시 중랑구 망우로68길 48
전화 (02)922-7090
팩스 (02)922-7092
홈페이지 http://www.hawoo.co.kr
e-mail hawoo@hawoo.co.kr
등록번호 제475호

값 15,000원 (MP3 CD 포함)
ISBN 979-11-86610-46-6 18710
ISBN 979-11-86610-45-9 (set)